Rolf Roggenbuck

Der achtfache Weg

Rowohlt

1.–2. Tausend Februar 1971

Satz und Druck Niko Jessen, Hamburg
Einbandarbeiten von der
Verlagsbuchbinderei Ladstetter, Hamburg
Printed in Germany
ISBN 3 498 05669 7

die brünnlein in meines Vaters alter Mühle, die klos auf den etagen – rauschten und brausten schon wieder recht munter
die wasserspüle . . . gingen

klipp klapp
klipp klapp
kloarks . . .
da ebbet's
da schwebbet's
den schlambatz
hinab

die alte Frau Wisch nebenan war eben auf und machte sich zu schaffen in ihrer Küche. rappelte mit dem herdrost, stocherte in dem was da noch war an glut vielleicht von gestern abend . . . stellt' ich mir vor wie sie da hockt *schrunzelpunz/ich bin ne Böse Schachtel!* und rökert in ihrm klein' schamottloch und blies: *hui———i!*

. . . wie da der glutregen sank nach unten durch das rost in die asche; dann nachgelegt – ein, zwei brikett und schön kaffeewasser auf; für nämlich erstmal schön kaffee morgens/nachher

bis dahin allerdings, wußt ich, dauerte es noch eine weile. da war sie erst im bad, die Alte. legte dann die betten aus

es dauerte

g e r a u m e   z e i t ;

in der küche beschlugen derweil die fenster.

in der ecke, der weißen nische neben der besenkammer auf dem mittleren flur aber saß BABY

Unser Kleiner Guggu

saß dort auf dem töpfchen genannt Brummer – also *brummte;* lauschte/horchte auf die fröhliche wassermusik da in unserm haus

ja, arbeitete wohl möglich im stillen schon an jener sache, die uns – Michel

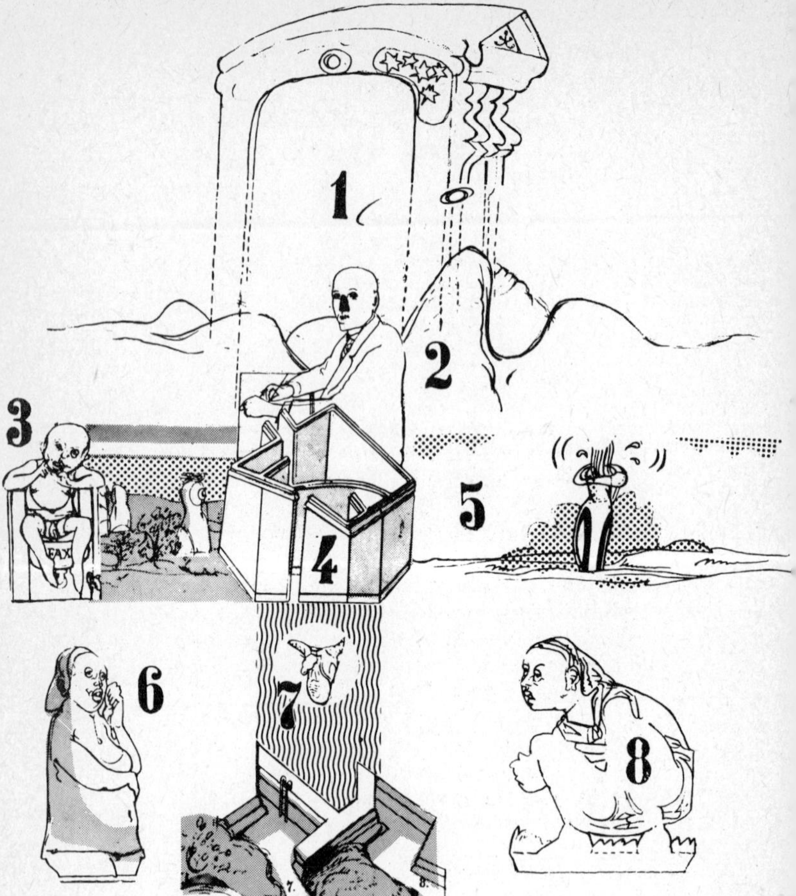

Prenzlaff und mich – dann noch viel viel später wieder beschäftigen sollte, die wir uns dann immer wieder vornahmen, unsere lieblingsidee: die Brünnleintheorie

was da aufsteigt & fällt
in kein gefäß passen will . . . *)

*)*durchlässigkeit/vertikal 1/(2)/4/7*

form zugleich und nicht-form eben da und – *schwupps* (wie grad jetzt wieder eine etage über mir) ein druck aufs knöppchen und wir hören

DIE NACHRICHTEN AUS DEM ALTEN REICH

(Sitz am Quell)

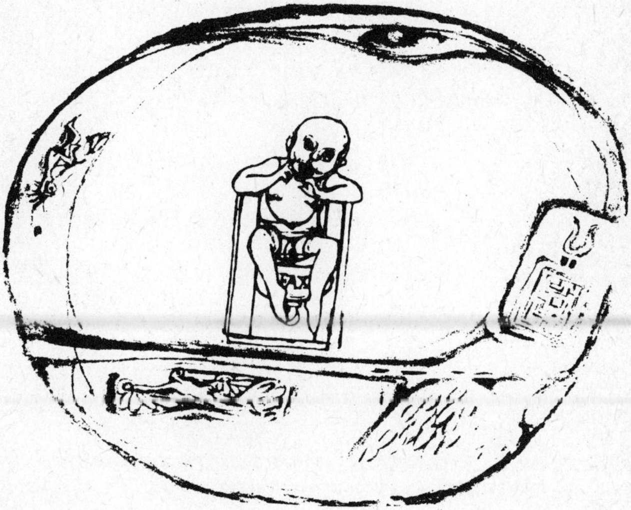

saß am örtchen
sprach kein wörtchen
drückt ein törtchen
unser Kleiner Guggu
er dachte DIE WELT

mal vorgestellt:
ein riesen dicker Wackelpeter
plapsch! da steht er – vor uns hingetürmt, das produkt eines viel tausendjährigen verdauungsprozesses LE GRAND GUIGNOL/ *Hans Wurst der Große* – die hinterlassenschaft, das werk unserer väter: ihr Großer Haufen an uns
da steht er!
da friß!

DIE KRISIS FÜR DEN EINZELNEN ABER BRICHT HEREIN, WENN WIR ERSTMALS VOLL EINTAUCHEN IN DEN STOFF; INDES – WIR WÜHLEN UNS FREI NACH UND NACH . . . SCHEINEN AM ENDE GAR ÜBER ALLEM ZU SCHWEBEN. WIR ENTFALTEN UNS/UND

. . . die hülle eines langen tages und *einer langen nacht fallen ab von uns*

WIE EINE TOTE HAUT*)

**) . . . und frei? also frei;*
(ich schäle mich)

aber heißt das nicht, wir wären raus?

und alles ging noch mal von vorne an? doch diesmal wär's bei uns, wir hätten die wahl? zu bestimmen

ZEIT FÜR JEDERMANN!

heißt: jedermann könnt noch mal/ säß noch mal auf'm pöttchen *atüf*/aufm drück, es wär damals . . .

und so träumt' mir oft davon. ich säß wieder in der weißen nische bei uns zu haus neben der besenkammer: da tät der boden sich plötzlich auf**) vor mir! so komisch – in einem viereck, und ich könnt sehen bis weit weit . . . hinaus/weg – über die Vier Winkel der Welt . . . hinaus in den Blauen Raum der Zukunft

da hört' ich dann***) die

***)durchlässigkeit/horizontal 3/4/5 u. 6/8*

****)und einmal kam auch eine hand da raus aus dem loch mit einer nachricht "aus dem LOG. raum"*
gez. IMHOTEP
(der Erbauer)

NACHRICHTEN AUS DEM NEUEN REICH

. . . in der schwebe/bin ich
frei
und schäle mich

ein kleiner Himmelsbote auf seinem Feuerstuhl. der angetreten ist – wie verheißen: mit einem beweis unter seiner vorhaut;

. . . der wird entkorken sein glied und verkündigen

das Blaue Wunder

und ich hoffe auf diese weise einmal ein gleichzeitiges/*synoptisches* – wenn nicht gar möglich ein allseitiges/*panoptisches* modell zustande zu bringen

wir werden in die zukunft sehen!

und während wir noch auf dem kinderarm getragen werden – auf dem kinderpöttchen rutschen . . .während wir noch auf dem holzpferd sitzen

dreh dich nicht um
dreh dich nicht um

wissen wir doch bereits daß anderswo ANDERE in unserm Namen längst die weiten des raumes durchstreifen, das All bereisen ...

und kommen sich vor dabei wie die Super Asse unter den Stars *in Palo Alto:* die Jungen Teufel von der Wilden Sau . . .hechteten in ihre maschinen: *erstmal rin in die gurke! und druffe dann!*

so rum und rum
so auf und ab
macht das diddeldidum
/ding da:
so schladdeldipapp
schön schladdeldipapp

erste stufe im fall CROSSCURRENT

+ anflug von jenseits über Chrome Dome + ende +

– *Chrome Dome? was ist das?* hatte mein Freund Holzauge*) da gefragt. der schaute wie so oft grad rein, stand in der türe zum flur im mittleren stock

*)*der Wachsame; 'art Über-Guggu ...*

– *also Chrome Dome,* erklärte ich daraufhin: *ist das codewort für das Äußerste/ für das Ganz Große Licht – art lichtbogen vielleicht: der Letzte Tag in mgtns TNT (and high color)*

der durchbruch in großaufnahme/ zeitenwende:

. . . wenn der himmel weiß wird und die berge hüpfen wie die lämmer!

Holzauge schüttelte den kopf; murmelte auch irgendwas

– na wenn/na dann aber

GUTE NACHT, MARIE!

priff proff/off! gab ich 'volle pulle'

PAROLE AN ALLE:
recht zu machen – nichts daneben
das ist unser höchstes streben ...

– ja meinst du denn wirklich?/
wirklich: das sei die erfüllung, sag mal ...
wie denn? erfüllung?

*

ja; so hatt' ich mir das vorgestellt *a. a. O.*
angefangen: ... wie wenn ich da noch säß a.a.O. – als Kleiner Fürbringer/Darbote auf seinem Donnersitz: das Pökerbäckchen sieht die welt in einem silbertropfen (wie in einer blase) schimmern;

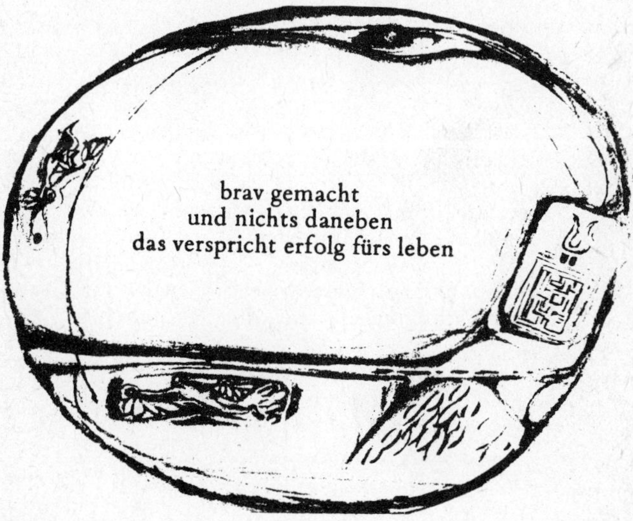

bis hin schließlich, ja du glaubst es nicht!

DIE STERNSTUNDE

wenn rings die nebel
fallen/
steigen
die Alten Stars
noch einmal hinab

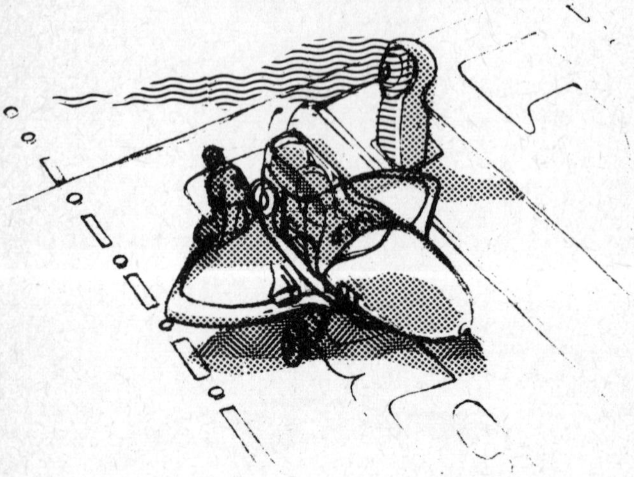

jenseits von Chrome Dome sah ich sie dann selbst "die Auserwählten"*)/bei sich – und sah sie in ihren werken und bildern. lauschte und las in ihren sprechblasen was sie dachten/was sie machten

– *weiß man das?* fragte Holzauge – jetzt mehr am fenster (schon wieder fort) vorm schränkchen mit den nachtsachen/wäsche

was machen die also?

– *na,* sagte ich: . . . *zum beispiel die denken* . . . zum beispiel über

**)wie wir später uns selbst: Berni und Dodo und Magda Rickoff uns alle im COMETEN/ . . . die alte wassermannschaft!*

ZEUGUNG UND GEBURT
des Neuen Libellus)**

***)bezeichnung für den Neuen Menschen da*

und deutlich sichtbar schlüpfte der aus – ich sage dir: was oll Paproth immer versteckt haben mag damals – die fotos/die bilder BUCH DES LEBENS und so – das war ein *kalter kaffee* gegen sowas dann*) nämlich: wie das puffte richtig, nur so qualmte . . .

**)sie nehmen nicht den schein/die sache nehmen sie . . .*

ja sowas kleines machen die?
klitzekleines
und was kommt raus?
leporello e porilla di Libella ... Fontanella

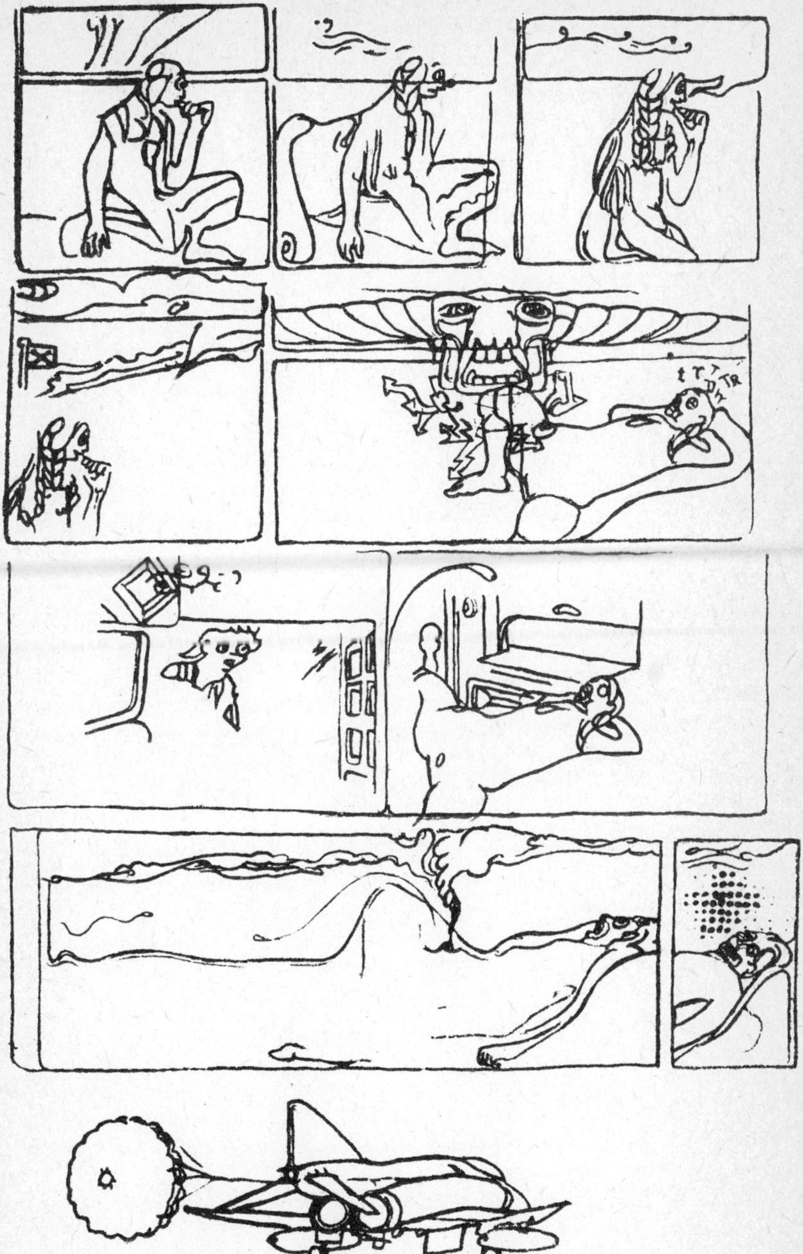
TR

allein in meines Vaters Mühle die brünnlein gingen fort und fort
. . . *am laufenden band*

klipp klapp

an bezeichneter stelle (auf dem mittleren flur) saß derweil, hockte weiterhin Baby Guggu und beschickte die batterie, den Brummer – also; in meines Vaters haus . . . da schlief ein lied in allen dingen; und das hatt' ich wohl verstanden – also, daß "begriff ist"/ein stück symbol auf dem grunde aller existenz, *nicht wahr?* dazu braucht einer hier bloß ein ohr aufzulegen, gleich hört er's vielfach singen/hört er den Weltgeist aus vollen rohren (das Blaue vom Himmel)

denn wie's da rinnt und spinnt – das ist natürlich der *Logos,* der geistert hier durchs haus, der rieselt da umher

idee/urbild

Logos/was soll die hand aber in dem kreis? begreifen/Begriff? vermutlich: der Logos als schaffendes organ . . .

(variante)

der Entfesselte Logos

das ist DAS WORT – aus dem alles gemacht ist.

denn ohne dasselbe ist nichts gemacht, was gemacht ist – nun weil . . ./bekanntlich ist es so.

DAS WORT ist alles was der fall ist – hier und anderswo, überall

– *nun was zum beispiel?* wollte mein Kleiner Guggu da wissen

– also (fing ich an und erklärte) zum beispiel schickt mir das Wort meine träume nachts. träume in denen ich das außergewöhnliche wage – wie etwa den flug hinaus . . .

oder: daß ich sauber sein muß um ein Mensch zu werden – auch davon weiß ich/und so hat ein jeder nun erfahren *durch das Wort* – demonstriert natürlich: an hand seiner beschissenen hosen/vorgeführt . . . in dem, was man ihm da unter die nase rieb: *bäbä!* und *so'n gittigitt!*

so hat mir das Wort die wirklichkeit geschaffen von fall zu fall

fängt es also an – mit dem Kleinen Kacker der da hockt und seinem stühlchen, brummt und lacht – und macht *dabatz die brocken!*

a/sitz am quell

oder einmal ist er auch richtig wütend. und er sagt: *wart's mal ab, ihr leute!*

eines tages scheiß ich euch noch alle unter einen dicken haufen!

merke: unter einen großen haufen!

und/muß man wissen: wenn der das sagt – dann keineswegs nur so; vielmehr ist das seine idee fortan, sein programm und ziel

und in seinem ungestüm

/seinem drange bald: tut der boden sich auf vor ihm

das ist dann auch so was

– nämlich: ein beispiel für die Öffnung des Raumes *kraft* einer idee

. . . *und wir wären raus!*

und als er dann raus ist können wir ihn ganz ausgezeichnet verfolgen, unsern Kleinen Nachtjäger: hoch entlang auf seinem flug

wenn es da braust/wo er dann haust – am nachthimmel (entlang)

und beschaut sich die welt
seines künftigen wirkens feld
schon mal von oben

recht so!

gleichzeitig/dabei – sitzt er aber immer auch noch in der ecke vor der besenkammer. wie beschrieben: in der weißen ecke dort (auf dem mittleren flur) bei sich zu haus

und das ist eben auch so was/ ein weiteres: die gleichzeitigkeit aller vorstellungen . . . *hier in der schwebe*

daß einer – während er den Brummer bestückt – doch auch den raum bereisen kann;

“und gleich ist alle furcht von ihm gewichen, brausewarm durchrieselt's ihn. beinahe hätte er eben gelacht! . . . weiß er doch, daß er unverletzlich ist – insofern als es sich hierbei nur um kathartische feldzüge handelt;”

einer kann demnach in die welt hinausgehen – und unbeschadet zurückkehren, ohne die welt je betreten zu haben?

... ein aspekt, muß ich gestehen, mit dem sich's reisen läßt; alles ist völlig ungefährlich – ?

heißt: aber was wird sein/z. b.

– wenn es mit der großen zuscheiße (wie zu erwarten eines tages) mehr und mehr seine schwierigkeiten haben wird?

Kleiner Mann Kack: wer wird dir dann weiterhelfen, dir dann zur seite stehen?

dein Freund

HOLZAUGE

((O))

– in hoc signo vinces –

es heißt/*zwar* – soll ihm die Nacht das Dicke Ei Seiner Selbst am ende noch einmal neu gelegt haben in den Silbernen Löffel eines Traumes und – Nalle Guckinmond/KNALLTÜTE sei sein Name gewesen fortan

aber – lang bis dahin seine reise! und steil die steinige mühsal seiner pfade

sein wahrer, einziger Freund jedoch war Holzauge; sein Wahrer Engel – und den er als solchen auch schon früh erkannt hatte.

das kam so: am Irrländer STADEN (auf der Düne von Kalun) einmal sahen die kinder (die da immer spielten) bei der brücke unten im gebüsch ein riesendickes faultier. das zeigte sein mondgesicht schlau nach oben durch die zweige – und ließ dabei einen schwarzen klacken hinten rauskleckern.

klacken hinten raus

in diesem Lustigen Ungeheuer und auf grund des gegebenen zeichens (*klacken hinten raus*) erkannte Michi Prenzlaff – oder wie man ihn damals auch noch hieß: Stinkus oder Pökerbacke (Pöks) – sogleich den künftigen Freund und Ständigen Gefährten, den

Holzauge eben
den Wachsamen . . .

rein äußerlich glich der allerdings dem von Pöker hoch geschätzten Onkel Jannes der sich jener tage noch auf der Düne versteckt hielt irgendwo (in Tante Harietts sommerlaube vermutlich) – weil: ihn hatte jemand angezeigt bei der Geheimen SiPo damals.

Pöker erinnerte sich indes nur noch an ein rundes lachendes gesicht, einen spekkigen monteurs-anzug den der Onkel getragen hatte: aus schwarzem tuch so einer . . .

*

im hof ging ein fenster, die Alte Wisch legte die betten auf – in meines Vaters Haus . . .

ich döste

die brünnlein indes flossen munter fort – wie gesagt

. . . *gingen nach und nach*

klipp klapp
klipp klapp
kloarks . . .
(es ebbet)

daraus nun hatte einmal werden sollen die Theorie des Aufsteigens und Fallens – so auf und ab durch das ganze jahr z e h n-tausend dicke bodengeschichte hier am ort, *im Alten Mann*: ein quellwunder . . .

aus dem ur/nachtgeschichte

bodengeschichte (quellwunder)

es quillt da nämlich ein petrol zu lichte gleichsam unverhofft und mischt sich

da ein überall ... so ganz unverhofft: wie dinge bislang höchstens mal verschollen sind, *futsch* ... so futscht's mir jetzt unter-mir, dem unachtigen döser; da ist die wende in den *inner space* (inneren raum) bereits vollzogen: ins *t a u s e n d jährige reich* ... heller wahn breitet sich aus, licht und lichter – – –

wie geht das an?

der blanke irrsinn dem wahnsinn die brust geben

oder ist es was mein Vater bezeichnet hatte einmal als *Die Kunst sein Gehirn zu verfüttern an die Welt*? da ging ein Geselle um mit des Alten hirnschale und stopfte die mäuler der gaffer

HIRNMATZE – grütze aus HIRNMAXENS PIMMELMÜTZE

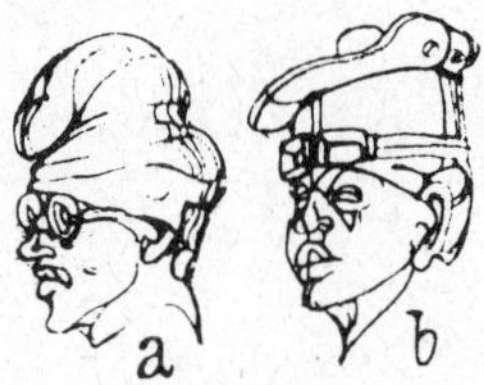

du hast die welt geschaut
du hast die welt gegessen
du hast die welt verdaut
klipp klapp
kloarks ...

so gingen die wasserstühle – daheim in meines Vaters Alter Mühle; sie sangen das alte *Schlampischpampanasch* – ein lied das heißt

Lob des Großes Imuthes*) *Imhotep*

DU HAST DIE WELT/GROSSER MANN

du hast die welt geschaut
gegessen und
verdaut. . .
hast alsodann gesessen – absolut
(mit blanker medaille)

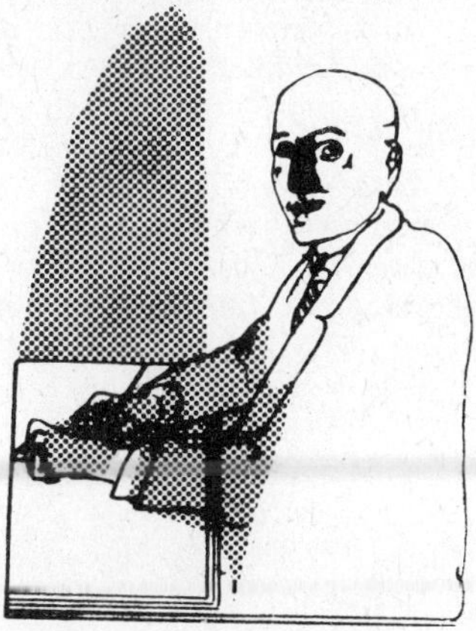

den zweibatz in der balje/
eingehängt . . .
und hast gefragt: was bin ich?
nun?
ist einer, was er tut und denkt –
so bin ich denn, was ich mache.
kommt am ende dabei raus:
ich bin die sache,
bin das Große Haus!

---

*) gemeint ist Imhotep, der Arzt, Priester, Magier, und Beamte des Pharao Djoser – als dessen Architekt nicht zuletzt Erbauer der großen stufenpyramide am rande der wüste bei Sakkara. sie, die stufenpyramide, ist das erste ganz in stein ausgeführte gebäude das uns die ägyptische zivilisation hinterlassen hat. sie verschaffte ihrem Schöpfer IMHOTEP großes ansehen, ehre – ja unsterblichkeit: er wurde später als Gott verehrt. die Griechen identifizierten ihn mit Asklepios dem Gott der heilkunde, und verehrten ihn unter dem Namen Imuthes. ich hingegen sehe ihn mehr in der rolle eines Historischen Vaters . . .

UND IN DER TAT: ist es nicht immer wieder ein gedanke zu denken, wie er das gemacht hat?! zu denken: wie er diesen bis dato größten, diesen riesen schmeiß(haufen) da hingesetzt hat *auf einen sitz* das ganze? ! superb! pyramidonal!

ihn bewunderten Baby Guggu und ich daher am meisten/vor allen; denn ER, dieser da hatte die dimensionen des möglichen erstmals ausgelotet – und dabei eine bis dahin unvorstellbare, nicht gekannte größe ins spiel gebracht: *Das Übermaß!*

nicht natur hatte hier modell gestanden, der gedanke selbst hatte seine erste ausformung gefunden: modell aller modelle . . . .

kühn umrissen/schon umbaut
entsteht der Neue Raum
R A U M,
den du geschaut
auf den ich baue

so war ich denn schon als Kleiner Guggu, ja bin ich *von haus aus* eben mit derlei *masse/unmaß* auch vertraut, also; berge zu versetzen – und was derlei scherze sind:

KLEINE FISCHE!

man mußte nur wollen!

und wie in einen berg versetzt und dort begraben kam ich mir wohl gelegentlich schon vor:

. . . und sah ich risse bald im überglanz
im lack der worte
im innern dieser gruft: war leere
im innern dieser riesentorte war
nichts – als lauter worte*)

**) lauter luft (hauch/pneuma)*

in meines Vaters Haus/allwo die brünnlein flossen fort und fort/*unter tage* –

lag ich begraben: *im Alten Mann* . . . stellt' ich mir vor zumindest: wie in einem alten berg(werk) sei das, ein unterirdischer *Dom*

am ende irgendwo eines toten stollen – im Berge Zeit; wo dieser (der berg) einmal einen kollaps gehabt haben mußte – irgendwann (bei meiner geburt?) zusammengebrochen war . . .*)

und das/ein solcher verfall wiederholte sich nun allnächtlich im kleinen

seit g e r a u m e r zeit schon bröckelte da was ab von oben

im verlauf der dinge/strom der Zeit?
?
ausgespült;
und darum auch ein *Hohler Mann* –
ist das hier.

**)vor ort einen knacks gekriegt/ein bruch ist das (ein loch) in der natur; gleichzeitig erwuchs uns aus dem kreisförmigen bios eine biografie: ablesbar – und deutlich zugespitzt auf ein ende . . .*

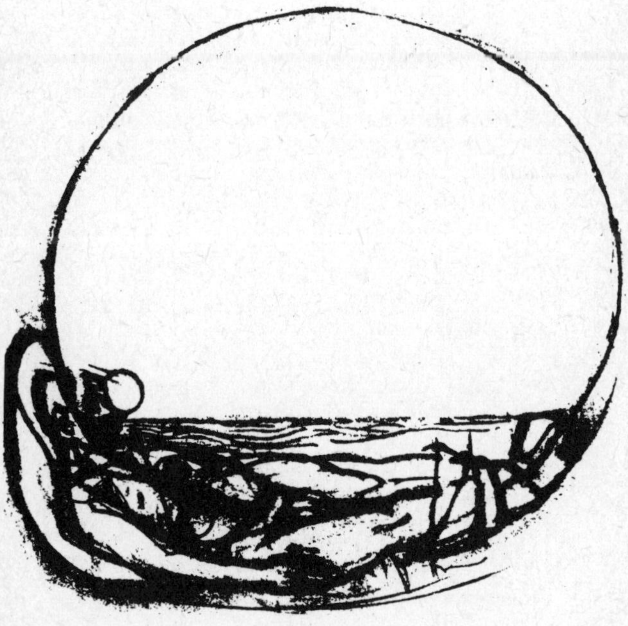

UND IMMER ZUR NACHT

fürcht' ich, mal einen dicken brocken davon an den kopf zu kriegen

. . . starren ins dunkel – noch eine weile/finsternis (wilde turbulenz) . . . die langsam weiß wird vom hinschaun.

weiß im auge; weiß wo's schwarz ist

ALLEIN ÜBER DEN HOF

allein in der werkstatt (hinten über den hof) wußt ich, war das licht dann noch lang nicht ausgegangen; denn während alle welt in ihren betten/auf ihren buden war: an den tapeten schnuppern . . . sah man ihn, das Alte Hohlbein, meinen Künstlervater (oder -onkel, weiß ich nicht) da unten noch länger an seinen gipsen schnippseln

und so seh ich ihn noch heut: still umgeben inmitten seiner glyptothek – an irgendwelchen steinen ritzend, *facetti* schleifend mit einer neuen *Trigger-'Curve'* und/

dann pfeift er sich eins und ist richtig vergnügt – wohl über was er gemacht hat, der Olle Knuster da unten in seinem bastelkasten

MIT MEISSEL UND PURPUR

. . . was er gemacht hat, eine welt geschaffen – voller wunder

voller zeichen und rätsel zunächst: embleme, kartuschen – aus dem stein geschält/ geschrapt, geschnitten

Das Kreuz in Gold – oder: Die *Würde.* zum beispiel. oder:

Hoheit (von rang . . .)

Anmut (Die Schöne)

Keuschheit – und wie sie alle heißen mögen diese bilderwesen von Geist und papier und Höherer Bedeutung, groß geschrieben.

so lauter aufgeblasenes zeug/*Mummpitz:* stuß in stuck! signale mit denen die firma Prenzlaff (zunächst lokal) die *pavillons* (pissoirs und sitzklos) hier im Akademiepark von Kalun aufputzen durfte

dann die Höheren Posten an der Börse mit sogenannten Englischen (heißt: vor allem merkantilen) Motiven

1 2

Industrie und Handel gut . . .

bis schließlich all die Alten Knäste landauf/landab: die Donnerhallen der Nation!

I/ENGLISH CABINET
(s. o.)

1/*Victoria* (on *Sitting Bull*)
speckstein, diorit, div. marmor & porcellan

2/*desgl.* *) hier vorzustellen saß möglicherweise das Alte Hohlbein und malte die Queen persönlich . . .

3/*desgl.* im achteck/aufsicht
heißt: von oben durch die brille . . .
es galt jener zeit übrigens als verbindlich für jedermann in der branche: ein paar jahre in Manchester oder Halifax zu verbringen mit *economics*, studien in *architecture* und landschaft . . . die stile nicht zu ver-

3

gessen: CABINET/*Colonel*/*anglo*-Egyptian etc. pp

4 5

4/*desgl. too late* (schon geschehen)

5/*desgl.* registriert; man fragt sich allerdings wer diese Alten Löwen eigentlich je wirklich hat besitzen mögen . . .

II/GESTA ROMANORUM
(sogen. leichte Bergamotte)

1 2

1/*Ars Latina (res publica)*
emailliertes weißblech, bakelit
2/*desgl.*

III/DIE DEUTSCHEN BRUMMER

div typen/übersicht:

a) *Faule Grete*
b) *Fleißige (Dicke) Berta*
c) *Fleißiges Lieschen*

Faule Grete

war es nicht ein Ahnherr des Letzten Deutschen Kaisers (der erste Hohenzollern-Kurfürst von Brandenburg) der die Faule Grete besaß?

bedächtig wurde das damals vielbesprochene ungetüm herangeführt gegen die burgen der aufsässigen Ritter – und nur bedächtig und selten gab es seine schüsse ab.

aber unwiderstehlich (dies faule mädchen)

schrecken verbreitete sich vor ihm her und es wurde zum ausschlaggebenden mittel bei der unterwerfung der gegner Hohenzollerns.

Wilhelm II

es ist also nur eine den umständen entsprechend veränderte wiederholung der weltgeschichte wenn die armee des *Zwoten Wilhelm* auch mit einer so furchtbaren artillerie dahergezogen kam – also: um die festungen des gegners eine nach der andern zu zerbrechen.

herstellung

eine bisher unerreichte wirkung erzielten dabei die 42cm-Belagerungsmörser, die auf den Kruppschen Werken in aller stille hergestellt worden waren. niemand außerhalb eines engen kreises von eingeweihten wußte darüber bescheid. und es ist erstaunlich daß das geheimnis so lange gewahrt bleiben konnte, da doch jahrelang viele menschen an der herstellung eines solchen geschützes beteiligt sind.

die 42cm Mörser waren die erste überraschung des krieges und gaben den Deutschen Armeen von anfang an eine große überlegenheit.

auftreten durch ihr auftreten, ihren einsatz dem alle betonbauten und panzerwerke des gegners zum opfer fielen, wurden die vorhandenen festungswerke mit einem schlag fast völlig entwertet.

und wenn ein kampfmittel des Deutschen Heeres ein ganz besonderes recht (?) auf volkstümlichkeit geltend machen kann (?) so sind es eben jene trotz ihrer gewaltigen größe versteckt gebliebenen *42cm Lieblinge.*

schon der ihnen beigelegte Ehrenname Brummer oder Fleißige Bertha nach dem Namen der Inhaberin der Kruppschen Werke beweist wie sehr diese volkstümlichkeit bereits erreicht ist (?)

*

man kann sich nicht wundern daß ein schuß der ein gewicht von achtzehn zentnern weit über eine Deutsche Meile sicher ins ziel schleudert, einen luftdruck verursacht, der in weitem umkreis einfach alles in die luft bläst.

auch haben die berichte gelehrt (?) daß das geschoß wenn es den Mörser verlassen hat, allein durch das durchschneiden der luft ein starkes geräusch verursacht.

von der bahn und dem verhalten eines mörsergeschosses geben fotografische aufnahmen auskunft.

DIE FOTOGRAFIEN zeigen zunächst das geschoß wie es die mündung noch nicht ganz verlassen hat.

eine zweite aufnahme (die einen augenblick später erfolgt ist) stellt es von einem hof leuchtender gase umgeben dar.

auf den nächsten bildern vergrößert sich dieser hof zu einer leuchtenden kugelförmigen wolke mit einer dunklen grundfläche die das geschütz wie einen heiligen schein ringförmig umgibt.

auf den weiteren fotografien wird die wolke noch größer so daß sie mehr und mehr einer gewöhnlichen dampfwolke gleicht; auch ist die dunkle grundfläche inzwischen nicht mehr sichtbar.

auf der folgenden fotografie (endlich) ist die wolke noch größer und das geschoß, das auf dem vorigen bild eben erst aus der wolke zum vorschein kam, befindet sich nunmehr genau von dieser getrennt vor ihr.

es ist also zu erkennen wie die gase dem geschoß zunächst voraneilen und dann erst von ihm überholt werden.

die aufnahme solcher fotografien ist eine aufgabe die besondere sorgfalt erfordert, ja – sieh einer an! . . . gehts weiter: berichtet einer der braven kanoniere in einem feldpostbrief über die *Brummer:*

. . . dann schafften wir unsere geschütze nach Lüttich. dazu legten wir ein bahngleis mitten durch die stadt bis zu einem park und gruben unsere mörser wieder ein.

auf der westseite nämlich standen noch zwei forts.

montag früh um 7 uhr fiel der erste schuß. die wirkung an den umliegenden häusern war riesig, sämtliche fenster platzten und in manchen häusern fiel die zimmerdecke ein, ein derartiger luftdruck entsteht durch das abfeuern.

den flug des geschosses konnten wir von anfang bis ende verfolgen da die dinger die luft mit einem ohrenbetäubenden lärm durchschneiden.

im ganzen gab unsere artillerie fünf schuß ab.

die ersten dienten zum einschießen, die beiden anderen waren treffer. für jedes fort einen. diese aber genügten: schon hißten die Belgier die weiße fahne.

nachmittags gingen wir in ein von anderen geschützen beschossenes fort Loucin, um es zu besichtigen. hier hatte ein geschoß eine vier meter starke betondecke durchschlagen, war in die pulverkammer gefallen und dort explodiert, das ganze fort flog in die Luft und die besatzung (800 mann) wurde bis auf sechs verwundete getötet.

das fort bot einen entsetzlichen anblick. kein stein war auf dem andern geblieben und überall lagen bis zur unkenntlichkeit verbrannte belgische soldaten.

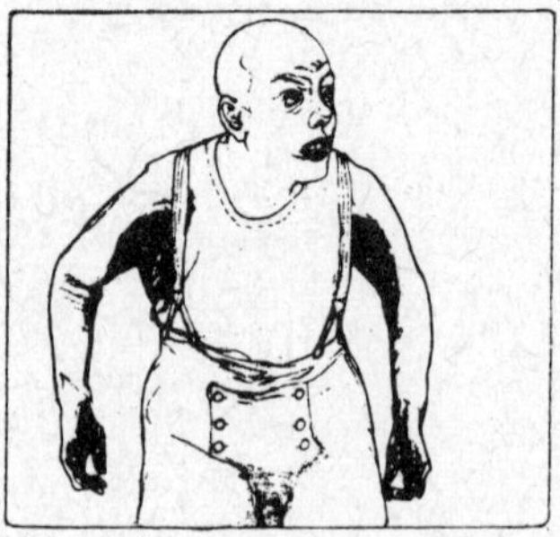

da
küßte
der morgen
die
stille

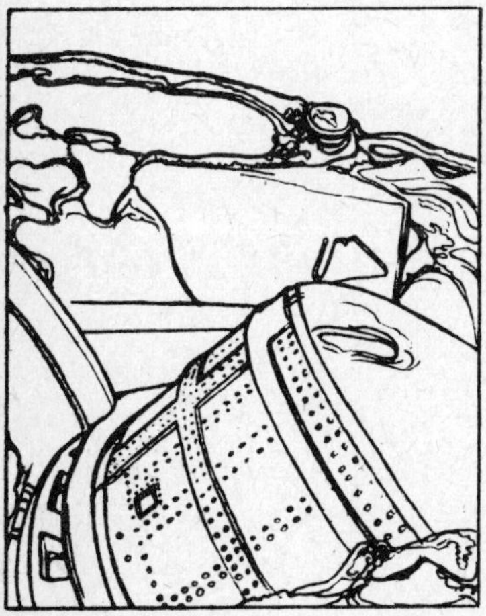

Die Trümmer des Lütticher Panzerforts Loucin – zeigen die verheerende Wirkung eines einzigen deutschen 42cm-Geschosses

da küßte der morgen die stille Frau Paulsen im traum auf die brille – wie damals in Kalun . . .

in Kalun (Theres)

die nachbarn aber sagten, sie hätten oft noch länger licht gesehen im hof nachts bei der Alten/Theres (Frau Paulsen) im fenster; und sie redete dann laut mit sich.

sonst redet sie ja mit niemandem. außer noch mal mit der dicken Wilma die ihr die stube macht.

die sagt: die Theres träumt oft vom eingeschlossensein und fürchtet sich. sie glaubt, alles stinkt nach erbrochenem. und ein abscheulicher menschengeruch dringt aus den wänden und verpestet ihr die wohnung, das zimmer

– schieb ihn weg! schieb ihn weg! schreit sie und schlägt um sich dabei: *ich will raus! luft! luft!*

dann muß sie die kapseln da nehmen und ihr wird besser davon; sie wird ruhiger. und fangt an:

– ich heiße Theres und bin 15 Jahre alt . . .

(meingott warum tut sie das alles?!)

(warum tut sie nichts?!)

(ja – es wäre besser irgendetwas zu tun! da käm sie auf andere gedanken. so wird sie nur immer verrückter in ihren vier wänden da.)

(sie braucht jemanden.)

einmal hat Theres einen Mann gekannt, sagt Wilma; aber sie kann menschliche ausdünstungen nun einmal unmöglich ertragen!

– mir ist ein solcher fall sonst nicht bekannt. aber möglich ist es schon – nach alledem, sagt der Arzt (einmal gefragt); der kommt alle zwei tage zu Theres, der weiß . . .

BRITZA MÄDEL

hier bin ich: grau und rot
in meinem aschengrab/lebendig
und tot: ein Aschengrabindianer

und dies ist Orphelia meine Schwester*)

ein Fremder, sagt sie, gab ihr drei zeichen im Reinsten Weiß. das war der Unbekannte Gebieter, dessen schöne stimme ich manchmal vernehme des nachts in meinem telefonhäuschen:

– *wie lieb du bist? wie schön? wie kugelrund!*

*) ja die genannte Person gibt an, die Person-von-mir zu sein – und niemandes kind. ich weiß nicht. sie sagt es nur so vielleicht ... sie ist ein Geistiges Wesen – insofern als wir miteinander in sprechverbindung stehen. sie ist aber ein compositum femininum realis sofern sie mir zuweilen üble gerüche schickt und mir alle möglichen ludereien antut: unanständigkeiten! sie will mir damit andeuten, sagt sie: was sie von einer hält die eingesperrt ist, ihr schicksal teilen muß mit andern, von denen nur zu offensichtlich ist, daß sie den

verstand verloren haben – die mehrzahl zumindest

pur veris a tort e saunz resun
ie sui enclos en cete mesun

kopfzer brochen

UND NEBENBEI WARD AUCH EIN KOPF ERHITZT: AUF EINEM ROST MIT SCHWEREM WERKZEUG BEARBEITET; ERWIES SICH JEDOCH ALS ÄUSSERST WIDERSTANDSFÄHIG (aber verdammt – die tage drauf: fühlt' ich mich doch ziemlich zerbeult!)

*

das war die zeit aber auch (in den stunden vor tagesanbruch) da begab Micki Prenzlaff sich hinaus – wie er sagte: *da geh ich auf ausflug* . . . flog er aus. wie in dem lied damals

wir sind die Jungen Teufel
von der Wilden Sau

stand jedoch zunächst auf der brüstung, dem flachen geländer der kleinen eisenbrücke rüber zu der insel mit dem pavillon in Weber's Park also – – was suchte er da? so früh – und allein, und ausgerechnet immer auf diesem geländer?

. . . in der schwebe bin ich
frei/und
schäle mich

also flugversuche; ja er schwebte dann.

hoch! und noch ein bißchen! bis er schließlich die Frau sehen konnte . . . in einem der fenster da der häuser auf der andern seite des kanals: die sich da auszog, Frau – die aussah – *mensch, Micki! es ist die alte Wisch!*

ja mit ihren butterbräunlichen hinterbacken! und dieser komischen gummikorsage vor allem – die spannte sich und quetschte ihr den arschritz zusammen unten; und wurde zuletzt aber wie ein segel das sich blähte – nämlich: wenn sie ans fenster trat

ein anblick der den Aufbauschüler Prenzlaff noch jedesmal derart erschütterte – will sagen: erschöpfte – daß er fiel, stürzte . . .

und konnt sich noch grad wieder fangen: noch grad nämlich daß er seinen pimmel unter der bettdecke zu greifen kriegte rasch – wie er sich das alsbald angewöhnt hatte: *leise! . . . o/bloß kein – o!/bloß wo ist dieser lappen immer* (in der tischlade)

und hatte sich also gefangen

LEICHTE CAVALLERIE

Nachtjägers aufstieg und – *brumms!* da hatte er den Steuermann*), seinen pilotenknüppel doch wahrhaftig in der hand dann

und zeigte sich aber alsbald auch in der lage, sich – erst nur mal, dann öfter – auch selbst in die luft zu blasen: COMMODORE Prenzlaff von der Wilden Sau

*) *das ruder*

Unser Mann im cock-pit

. . . stieg er auf: seiner Urmutter-

Braut (der mit der afterschürze, dem gummisegel) zu folgen hinaus auf dem flug ins weite

ACHTUNG PATROUILLE!

da aber: *peng!*

ein frühlichtes glitzern just auf kämmen und firsten rundum, dann unter dem ersten anstrahl – *peng!* ... zerplatzte das schwielige ding, das schweinslederne aftergestirn: der Wischin grütziger postern

... trieb hin: ein löchriger balg nurmehr, ein poröser rest mond im seichten frühmeer

... trieb hin (gespuckt)

um schließlich zu zerschellen an den roten riffspitzen der häuserreihe Hohe Esch/Paradieshöft – fast lachsrot jetzt im licht: Kap der Fröhlichen Wiederkehr!

... im hafen von Irrland machen wir fest

wir sind da.

und an einem solchen frühmorgen, glaub ich, war's als Hariett das haus verlassen hatte. und es öffnete jemand das fenster im ersten stock (vermutlich) hier in № 10 und leerte einen vollen pißpott aus über sie

pipott

– na, das Mädel begriff derzeit ja (gottlob) nicht ganz, was damit vorgeführt werden sollte . . .

fensterkreuz

immerhin; und dann erhängte sich auch Lissy noch kurzerhand am fensterkreuz unten in der waschdiele: die truppen des Deutschen Reiches standen vor Wien, vor Prag . . .

der einmarsch in Ungarn stand bevor; Lisa die das haus jetzt sozusagen allein bewirtschaftete – rief aus der Küche:
– die suppe ist auf: essen!

allein Prenzlaff, das Alte Hohlbein – gab sich noch immer zuversichtlich:
– wird alles nicht so heiß gegessen, meinte er/und: *wir stehen, schätz ich, vielmehr vor einem großen neubeginn; schon sind wir mitten in der phase der längst überfälligen bereinigungen . . .*
bereinigungen?/oh, du Alter Stratege!
da kamen sie schon und schlugen

ihn zusammen unten in der werkstatt, hauten alles kurz und klein

machten: *schutt* – aus der bude *a'tschüs, Ol Flint! und rotte sanft!*

du aber fein
aus Kummerland geborgen
wach auf und hör mir zu
mein Murmelchen
mein Murmelchen
bist du

*

– *insofern allerdings, du* ... sagte unser Pökerbäckchen da plötzlich

a. a. O./sitz am örtchen backe törtchen

... darum•) back ich mir Meine Welt auch lieber ganz selber: so wie ich es will, und da mach ich alles gleich noch mal neu, viel besser dann ...

– *na, fein!* entgegnete ihm das Holzauge: *da legst du am besten sofort los, Pöker; und viel glück! oder soll ich sagen 'gute reise'?*

bon voyage

Pöker sah seinen Freund etwas verdutzt an:

– *gute reise?*
– *na, versuchst es mal ...*

•) ach Pöker!
wie tag und nacht
an einem baum – sind, leider
WELT & TRAUM

und versuchst es mal, wirst du sehen
wie sie gleich kommen,
dich fertig zu machen;
typen ...

wie dieser Colonel Eichler und seine Gentlemen: mietlinge/kreaturen einer darwinistischen gesellschaftsordnung wie der unsrigen, das ist eine ganz rabiate kopfjägerkultur!

ja das sind sie

die geschöpfe/will sagen nämlich: man hat schon frühzeitig angefangen, ihnen am hirn zu tüfteln irgendwie;

und zwar so rechtzeitig, daß sie es nicht wahrhaben wollen, daß man sie fertiggemacht hat . . .

so wie sie jetzt ihrerseits ganz scharf darauf sind, andere fertig zu machen, anzuscheißen und so: abzuschießen . . .

dieser Kaminski zum beispiel

oder den sie den Gertner nennen: Herrn Ulrich; und Kaminski – sieh mal Kaminski! der fummelt sich auch immer so merkwürdig am sack wenn er jemandem den ballermann *Null–8* unter die nase hält

sagt er: dann hätt er son kribbeln

zeigt er: hier; und ein' druck hinten

. . . *könnt mich regelrecht/ja möcht mich am liebsten bescheißen dann* (sagt er)

ja mein Lieber

die schlafen nicht!

also; und diese typen schlafen nicht,

denk dran! oft sind die gerade auf dem weg zu einem, der hätte sich das auch nicht träumen lassen . . .

˙1 ˙2 ˙3 – da fliegst du
˙1 ˙2 ˙3 – da liegst du, mein
Lieber:
und SENSE! du
hast abgebaut –

wie dieser da:

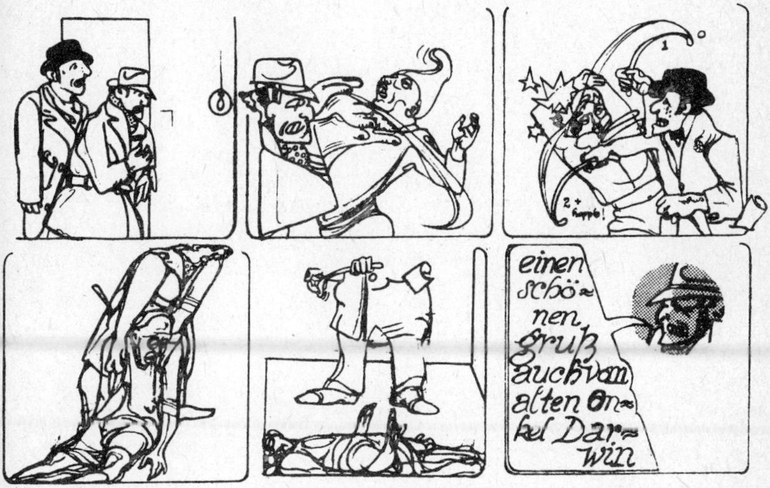

DENN SIEHE!
DEN EINEN VOR ALLEN

den Auserwählten, deinen Onkelvater – ihn traf Kaminskis knallharte rechte – die schickt' ihn auf die reise ins reich der bunten träume; *schöne bunte welt*

die löst' ihm die glieder – und auch den muskel am hinterpförtchen. oder war's von innerem drang die befreiung durch den rutenschlag des flinken Gertners?

daß er sich so erschöpfte . . . *abtata't (isser)*

ja – er hat die hosen voll. seine abkehr ist vollkommen

die letzte reinigung
hat stattgefunden: er badet
in seiner eigenen scheiße . . .

wie weiland Adam in der lehmigen nachwehe . . . . . .

dabei hätt Pöker noch ein paar dringende fragen an ihn gehabt:

AN DAS ALTE HOHLBEIN

Ol Flints anrufung und herausforderung

hela! Altes Rohr! find ich dich zur gewohnten stunde also prompt in deiner muffigen ecke da, jenem staubigen winkel: . . . und störe gewiß die ausübung – von was?/sag: hirntätigkeit . . .

. . . find ich ihn also vor, meinen Alten Blitzer – sitzend unter jener weisen reihe . . .

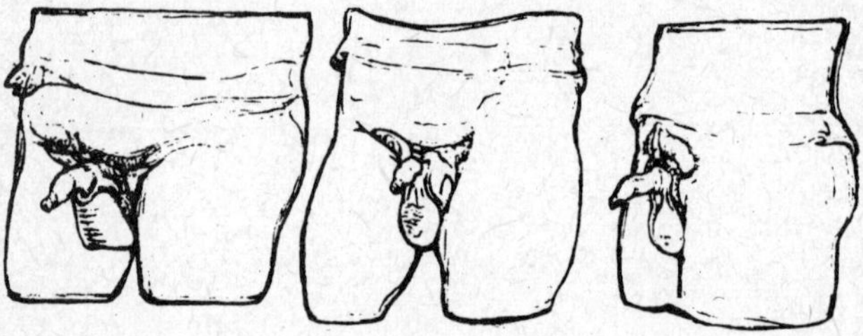

altvordere ZEUGEN/reihe O (A - C)

. . . zeugen in dingen *Papa Geistes' Kraft & Herrlichkeit,* nicht wahr?

komm aber ruhig mal raus da und hör mir zu, meinen fragen; denn ist einer Kind, wird er wohl wissen dürfen: wessen . . . wie also war das mit Hariett und den kindern? wie also war das mit euch: mit Hariett, Jannes und dir auf der partie zum Hohen Oxen?

er aber wollt' mich nicht hören

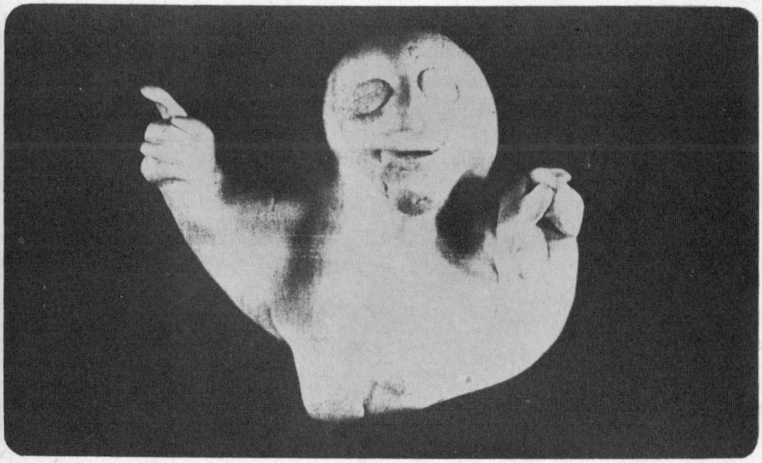

kalt wie ein baum im märz – schnarcht er mich an; und in sei'm Moormann's gedös versickern die wunderwelten von dunnemals und einst – und mit ihm all mein o–alles!

torf sei'm gerechten

. . . . . .

*

– *der hat ausgeschissen,* sagte Herr Ulrich der Gertner, berichtigte Kaminski ihn nun:

– *fast, Ulrich: fast; erst hilf mir – du weißt, wir müssen ihm auch den ha!/dingsda rausschneiden . . .*

ja, so?/ ach, ja . . .

und der Gertner nahm sein messer und . . . heißt es dann weiter:

Piephan Pimpan o. ä.

. . . seiner Empfindsamkeit, seiner Seele (Pipan) indes schienen die beiden bösewichte eine besondere bedeutung beizumessen. sorgfältig schälten sie ihn heraus; dann holte einer der beiden ein plastiksäckchen hervor, da hinein taten sie den Pipan (wohl um diesen ganz zu ersticken)

und warfen das beutelchen mit dem Dings schließlich in eine der nächsten mülltonnen am wege.

Kaminski war's zufrieden, sagte er:

– *jetzt ist er fertig!*

– . . . *ist er fertig!* echote der Gertner: *oh, Joe!*

über des Gertners gesicht flog ein lächeln; er schien glücklich, holte eine Aspirin heraus – von denen hatte er immer lose in der tasche – schlug sie sich aus der flachen hand kurz in den mund, zerkaute sie . . . und sagte an seinen Freund gewandt:

– *nicht wahr, Joe Kaminski: jetzt*

ist alles in ordnung? jetzt hat er ausgeschissen?

– *ja, Herr Ulrich . . .* versetzte jener: *jetzt ist alles beim rechten, jetzt hat er ausgeschissen!*

das entfesselte Dingdong

kommt nun irgendwann ganz zufällig ein Wanderer des Weges und denkt

– *was piept da?*

da ist es der Piephan in der Mülle dort, die plastikseele unseres Auserwählten die hatte gepiept

und tatsächlich – als der arglose Wandersmann den einen deckel aufhebt von den mülltonnen da – schweben gleich allerlei so sachen heraus: so opfersäckchen ganz der uns bereits bekannten sorte – also die schweben und sinken . . . als eine feine stimme an des Mannes ohr dringt und spricht wie folgt und sagt:

– *ich bin's! bin Ptolemäus um den die welt sich dreht! bin Geist in allen dingen . . . das Große Dingdong*

Dingdong? hoho! dachte der Wanderer da bei sich: *der Große Leader? die kraft an sich . . . das hat aber wohl sehr nachgelassen damit, wie's scheint . . .*

als ein windstoß den ganzen zauber packt, erst in einer ecke zusammenfegt/dann treibt: wandauf

und hoch und höher jagt
über dächer und felder
und fort – fort den ganzen jammer/
vorbei . . .

und dann eines spätnachmittags
– *kannst dich noch erinnern?*
. . . diese erscheinung *(le bon torpedo);* wir saßen noch auf der veranda, du hattest mir die fingernägel geschnitten*) – da sagt' ich (glaub ich) schon:
wir haben gäste am zaun?

*) *oder was sind deine zauberkünste?*

– *na und?* sagtest du: *geht mich das was an? bin ich vielleicht diejenige die sich vor denen hinstellt? also . . .*
und also sah ich dich
und also machte ich wie damals wir gesehen hatten auf den bildern aus Oll Paproths kloschrank immer . . .
lachtest du: *o du bist doch ne richtige Sau!* lächeltest du, ja . . .
damit, glaub ich/bei sowas ham sie uns erwischt damals, *weißt noch?* im *Alten Mann,* dem pißort am STADEN: dich und mich (uns)
da hatte sich aber schon oft genug der boden aufgetan vor uns – hatten sich ganz neue perspektiven eröffnet unseren blicken . . .

dreh ihnen ne nase; schön – aber du hast sie doch selbst heraufbeschworen, die langnasen . . . mit deinem/weiß ich was: voodoo (oder das kommt von deiner nägelkauerei!)

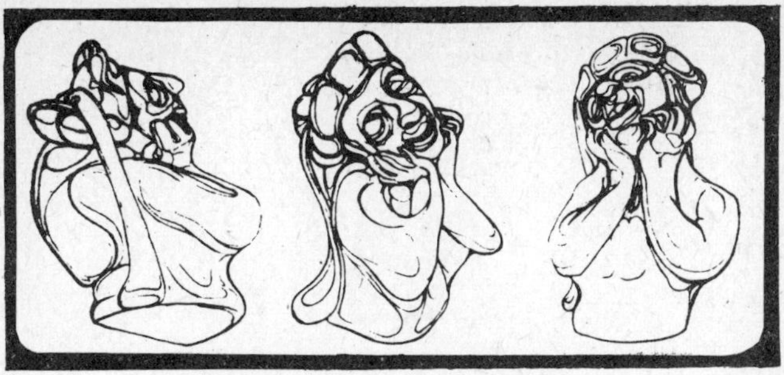

DANN IM PARK EINES ABENDS

. . . kam der Pt./der Süße Himmelswind, das Kleine Sturmgespenst – *im windgeschütz* zu meiner Tante Hariett

– o! Tante Hariett – wurde ganz wild wegen dem dingens da in diesem ballon, der tanzte/hüpfte da vor ihr auf und ab;

und was tat sie in ihr tüchlein?

Tante Hariett und der Pt./ein stern in Vorfeld West: die zeiger standen auf sturm; am Damm (sah ich) drängte eine herde wildflüchtiger kälberlinge . . .

und was schrieb sie in ihr büchlein?

. . . hastu gefalln an mir Großer Pimpan schlimPan/schlamPam Panall . . .

so will ich mein freud an dir – und werd ich wohl auch leids an dir finden. nun wach ich – böse nacht!

ich bin mein und dein: o wunder! zu einem bilde verwirkt . . . daß ich dich athmen muß/ich müßt aber sonst ersticken! o sauge! o! wie du saugst an mir! o! *(ich fühlt's noch im erwachen: hier in der hüfte)*

grausliger Panascher du! willst mir
an die wäsche? wohlan denn, sprich: was
läuft, was träuft dir jetzt so von der hand?

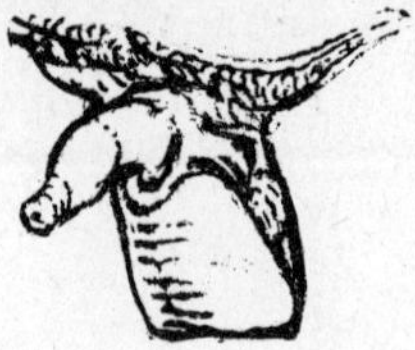

schlummfinstrer saum(träger)
was birgst du? was bringst du mir
wieder? zeig – da unter dei'm röckchen?!

es dämmerte. ich döste – in Meines Vaters Alter Mühle. da schlief ein lied in allen dingen:

ich
hab
ein
Schoko / Schokoladenbaby
– geküßt heut nacht beim tanz . .

da wunderte ich mich allerdings: mit ner angekauten zigarre im maul – tanzen! wie find ich denn das?! und überhaupt – fiel mir auf: all die abgenuckelten zigarrnstummel hier im hof ringsum

– *sind die wohl von deim Onkel Jannes?* (. . . behaupt' je'nfalls Marga Fölsch)

oder sind die von euern Opa Köllsch? sagt Margas Mutter: der sagt sowas nämlich schon paarmal von der dicken Wilma, wenn ihr die kennt: die geht bei uns auf nachbarschaft alten leuten das haus zu machen; also wenn die sich bückt bei uns aufm treppen absatz kannst du sehen, daß die hat niema was unnern rock dabei.

und dann, sagt er: Oll Oppa, will er gern mal komm . . .

und Marga als erste glaub ich sagt es weiter an Ott Zeiske und sein klein Bruder . . . *mal komm' mit sein braun' piedel wohl und* . . . und Otze sagt es weiter an den Warncke

– *weitersagen!*

. . . ging mit ihr hinnern hof wo du weißt die kisten sind und karren, all so zeugs

ja die Schrubbsche . . .

mi'n besenstiel! (bis es alle wußten;) hoserunter/kleinigkeit ...

hinner min Vadder sin Hus

und Inge Pentz sagt es weiter an Erwin Sogalla und der sagt es an Effi Schramm (genannt Bibbelchen)

und Bibbelchen sagt es weiter an Waltraut Sobottka und ihrn Bruder Alfi.

der sagt es dann letzt an Ille Kondrawitz und mir, das war am bahndamm ...

seidenstrümpfe

dann die geschichte mit den seidenstrümpfen.

zuerst am *Alten Mann,* dem olln pißhaus da draußen auf der Düne

AM STADEN und wie sie kamen und probierten die strümpfe da an, heimlich. die dicke Wilma und Lisa und die.

Ille Kondrawitz war auch dabei. und wir: Jochen, du und Berni – alle.

und Lisa die kam von der konditorei wo sie war damals am Freimarkt ... kam die dann mit oftmal noch was mitgebracht von da, kranzschnitten und manchmal so gefüllte kräcker

oder einmal hat die auch was spendiert richtig, uns alle kinder eingeladen. weißt noch? für ne große limo odern S-Eis bei Café AUSSICHT hinten im sommergarten ... *kommt ihr mit?*

oder wie oft sind sie dann nicht noch los hinterher in den kintopp Horster Chaussee CASINO LICHTSPIELE

einmal – das war mit Jochen Köppke der war grad ein bißchen so der Kleine Freund von der Marion damals ... der Marion: der Lisa ihr Patenkind glaub ich; und sie sahen DIE DUMME 7 also, ein juxfilm jedenfalls ...

aber nun. als sie rauskamen nachher war's schon ziemlich spät geworden. und sie mußten nach hause ja noch das ganze ende zurück *Horster Chaussee* runter zum STADEN – also im dustern.

da war ganz gut dann daß der Jochen wie meist sein fahrrad wieder mithatte. so daß Lisa wenn sie überhaupt fahren konnt in ihrm weiten rock da ... sie sollt das mal versuchen erst, meinte Jochen: ob es geht

– *na klar geht das* ... also ging – ja/und

– *einer muß auf die stange hier nach vorn, Muschi ... und halt dich da fest ...*

auf Jochens fahrrad

Jochen aufm gepäcksitz hinten, er gibt das zeichen – los! sagte Jochen, der hielt sich fest bei Lisa, die hatte den tag ihr kleid wieder an mit vorne den lauter ribbeln, das trug sie – und ja, auch schon immer richtig seidene strümpfe damals.

also sind sie los erstmal.

zu dritt

die *Chaussee* lang – das ging schön bergab. und da sind sie dann erst richtig in stimmung gekommen; Jochen brauchte bloß was quatschiges zu sagen, sagte die Marion auch gleich was blödes von sich – irgendwas. daß ihr podex klemmt zum beispiel und so/ *hocho!*

– *was sagt sie?*

– *ihr klemmt was – an ihrn po ...*

bis endlich AM STADEN links, Lisa schon in vollfahrt die ganze zeit ... sagte Jochen noch:

– *'paß auf, mensch!*

... war's schon passiert! daß sie da ran sind nämlich rüber an die hecke und *bapeng!* hin und gleich übern haufen geflogen da im dustern.

– *ist was passiert?*

nichts, alles heil geblieben; kein

ernstzunehmender schaden jedenfalls.

nur dermaßen dalberig jetzt!

wohl erst der schreck und dann die erleichterung: es konnt sich jedenfalls keiner von den dreien überhaupt wieder berappeln vielleicht mal aufzustehen! oder wenigstens mal aufhörn mit dem blöden gegackel!

– hu mein bürzig is – wa'hh'ch . . .

Jochen merkte wie der Lisa ihr bauch zitterte vom lachen

– och'hoch'cho!

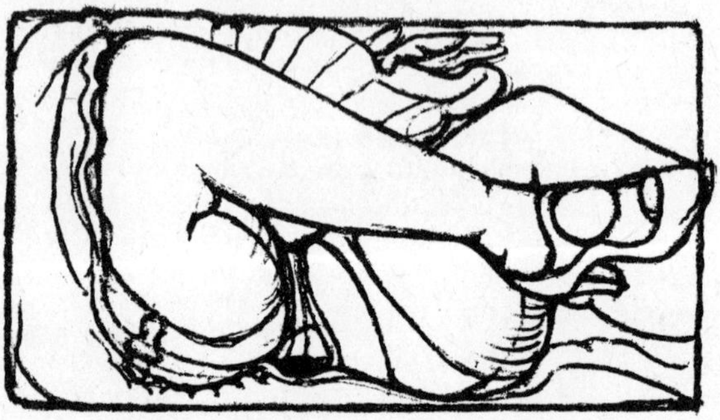

ja richtig konnt Jochen das merken bei der durch die dünn' ribbeln, so lagen die da nämlich über'nandergenudelt. daß Jochen das merkte, wie gesagt in dem gerangel da.

das war da drüben – wo der eiserne hochmast ist: AM STADEN

Tante Hariett schrieb in ihr büchlein:

Marion (die Kleine) hat jetzt auch ihre tage bekommen, sagt sie: pst! sprich nicht davon: pst! und entschlumm/schlumm da

na, schön

Hariett
am 4mrz/09:
für Vater

Hariett selbst hingegen wurde regelrecht immer obszöner. lief nachts im park herum in ihrem langen nachthemd da und tanzte, total verrückt! da haben wir sie dann entdeckt eines abends, mein Freund Holzauge und ich: wir waren grad los mit einer taschenlampe, mit schachteln und dosen, um nach regenwürmern zu graben für unsere frösche

als plötzlich diese erscheinung, wie angekündigt/wie in einem traum: Hariett da im langen hemd also . . .

wie die Alben tanzen nachts im traum/mal still – mal ganz im taumel: und reißt sich schier die wäsch vom leib! dabei

kommt einer rein/kommt einer raus
in meiner Mutter Tochter haus . . .

so? dacht ich: singt sie das? sagt sie das von sich? und kam mir bereits vor auch ein bißchen wie jener anonyme Lump in diesen Pariser Filmen später: der auftaucht (immer dasselbe: eine blume am hut) der Vagabund – der zusieht heimlich wenn die mädchen sich entkleiden, ein bad zu nehmen: im verborgenen (wie sie meinen: im verborgenen) eines stillen waldwassers.

und doch ahnen sie auch/die zeilen:

... dein blick Fremdling, ist wie der wind kühl auf der haut meiner weißen pfirsichseite ... streichelt/küßt meine ...... liebkosen/und so weiter, aha! denk ich.

aber das da war doch anders irgendwie: ein arschbackenklatschen war das – damals im park nachts ...

bis endlich (von Holzauge inzwischen alarmiert) mein Vater erschien und mit ihm kamen die großen nachbarssöhne. mir zitterten die knie:

– *Vater!* rief ich

aber das erste war wieder, ich kriegte eine ins genick; das war seine, meines Klischeevaters art von antwort in allen lebenslagen ...

– *Wo?!* brüllte der Alte

– *da!* sagt ich/zeigte auf die stellewo, da lag ...

– *ja da liegt son ding ...*

und so fanden sie erstmal Harietts *'dinger' und sachen* nach und nach über die gegend verstreut.

– *also hier und zack!* hört ich den Alten murmeln: *und die bengels stehen dabei und gaffen!*

*

meinte meine Cousine Marion später/ also sieh, dacht ich: sie hat es nicht vergessen! und kam damit noch einmal zurück auf das Schokoladenbaby von vordem:

... im traum geküßt! findest du nicht auch: auf solche idee zu kommen, muß derjenige doch an was gedacht haben?

an die Braune Jenny aus Jamaika?

oder vielleicht an die Minnie from Trinidad?

– oder ist es, was ich fürchte: sollte gemeint sein die Braune Miss/Wappentier eurer weißgebornen Tochter? o Mutter Herrgott! *es hätte demnach einer wahrhaftig einen geilen traum gehabt?!*

– demnach ist es sogar wahrscheinlich . . .

wir saßen hinter der rollwand in der geschützten ecke hinter Tante Harietts laubenhäuschen, auf der *loggia . . .*

wie ehedem; und muß uns das nicht merkwürdig erscheinen: Marion und Michael? die holzläden an den fenstern, Gelbe Limonade eisgekühlt. der zierbrunnen: der kleine teich mit den zelluloidbarben – ein werk, diese Künstliche Natur (in zement) vermutlich meines Onkelvaters

– da geh ich nachts und werf ich meine netze aus: auf plexibarsch . . . selbst ein treibendes wesen – bin ich schon immer: Deine Flunder Marion!

(. . . und du?/sei mein Hecht; aus: Die Verflossene)

und ich legte also noch mal diese platte da auf vom Schokoladen/dingsda: vom Lebkuchenmann und seiner Pfeffernußmadam – so fängt das an:

laß braune puppies tanzen, Weißer Mann . . .

mit Browne Missis tanzen – wie dein Onkel Jannes einmal (hat er mir erzählt)

. . . kam plötzlich so ein irres Negerpuppi ihm nach, und will dann überhaupt nicht mehr ab von dem arm' Onkel – kommt ihm einfach immer nachge/was soll er bloß machen?

erzählte Tante Lissy hinterher.

ei wie mein Jannes sich da forcht!
da bibbert und schloff am leibe!

hu———uo! machte das Negerlein und winselt ihn an; wofür?

weiß ich? um einen Penny . . .

der Jannes jedenfalls der springt nun hier und hier, mal so – mal so beiseite, aber: *hu———uo!* ist ihm sein Bettelkind gleich wieder an'en haxen

. . . bis endlich, faßt Jannes Popannes sich ein herz und gibt dem Blöden Heuler 'n klein' stupps. da fällt das Negerlein um.

denkt mein Jannes: jetzt rasch weg!

da hängt ihm, was meint ihr wohl? ach! ein anderes, zweites Negerlein am schlippen, das ist nun da – und, sagt es: hätt alles mit angesehen. zeigt auch gleich auf Was da Liegt zerschmettert: der kopf von dem klein' braun' Schokoladenbaby – ist kaputt/*kapores* – und klafft ja ganz gehörig auseinander.

was nun?

da stand's mit ei'mal auch groß in lettern an den wänden, den mauern ringsum – für jedermann zu lesen:

RASCH UNTER DEM DRUCK
der zeit vergeht das leben

und rasch unter dem druck des augenblicks kam es zu einem ausstoß aller unliebsamen vorstellungen aus der von uns beobachteten blasenkammer (→ Hirn des Großkopten) und – wunderbar! wie aus einem Schamlosen Negerpuppi sich die Erinnerung schälte in Person einer Lieben Marion

so wunderbar schimmernd gleich das weiß ihrer haut. wie auf einem der fotos die Michel Prenzlaff sich bewahrt von seinem Onkel Jannes

– hier der Onkel selbst (1) noch Student in Berlin/*sommer '98*

– hier nochmals: im mantel mit pelzkragen (2)

Tante Hariett (3)

und endlich dies (4): unser Kleiner Fratz Marion in der balje – geliebt! ist das wohl?/ja – steht hinten drauf: *AM STADEN/ sommerleben mit Marion . . .*

son kleiner Nackedei – steht's da: 's Marjönne – pöker stramm/fest zu(gekniffen) bauch rund raus: hier bin ich

. . . und schon vorbei die jahre

*

Marga Fölsch behauptete später (und Holzauge hätt ihr das doch selber gesagt!) ich hätt (also: wahrscheinlich) meine eigene Tante gefickt . . . *also Marga wieder!*

o! da war mir doch ganz schön schwummrig zumute, war ich doch völlig durcheinander von dem . . .

– also stimmt denn was sie sagt?
– um ein haar!

nein ich war wirklich ganz konfus, verstand überhaupt nicht mehr wieso jemand je hatte eine lust daran haben können auch so frei (nur im hemd) herumzulaufen

. . . obwohl sich doch die leute erst nicht sonderlich um mich zu kümmern schienen; nicht einmal die tatsache daß ich einen ständer hatte, schien aufzufallen – und nicht deshalb also sprach mich schließlich dieses Mädchen da an:

– *du, sag mal . . .*

sondern wegen des drolligen haarflaums auf meinem hintern (sagte sie wenigstens)

– *laß mal anfühlen, mal drüberstreicheln, bitte . . .*

wurde mir in dem augenblick klar: genau da klaffte die eine entscheidende lücke zwischen traum und wirklichkeit. die wäre nun damals (denk ich oft) noch zu überbrücken gewesen vielleicht? *)

**)ja, aber heute?*

AN MARION FÖCKLER

1

unter den vorstellungen
– überhaupt: unter den bildern – schätzten wir zunächst all die runden, unter den formen. vor allem diesen lustigen, diesen Dingsda

mit dem drehdich
(Dingsda)
mit dem wuppdich
immer rum!
den
kullerunden/kunterbunten
nudeldicken wonnepropp
dickback – buttersack

DEN KREIS – als lieb, als lustig: als besonders . . .

sein bild das der fülle/ausgewogen: schön. optimal: *die Harmonie in form.*

ein *fall von glücklicher lösung:* Liebling unter den Bildern! . . . ein dafürhalten (insgesamt) in dem wir bestärkt wurden, das sich zu bestätigen schien in jener schlichten zusammenfassung (*Satz*) aller unseren Stillen Freund bestimmenden maßgaben, seiner definition als . . . *eine unendliche kette von punkten gleich weit von einem punkt entfernt – und*/aus

*kreis*ASS/*kreis*KÖNIG

2

abbild/bild des Paradieses: bewegung in ruhe, unendliche ruhe in bewegung; und so erfreulich überschaubar dabei – heißt:

idee/urbild

solange man alles auf sich beruhen ließ.

ja es zeigte *das traumstille bild* nämlich einen ausgesprochen haarigen bock, reagierte überaus empfindlich (spröd/gereizt) auf alle versuche, sich ihm mit zahlen zu nähern: sein dasein und wesen rechnerisch zu fassen.

da trotzt' es, da bockt' es ganz gemein! schien jedes vorgehen in dieser richtung (etwa den umfang zu berechnen) als angriff zu werten auf sein – weiß ich, was . . .

. . . als versuch, an ihm zu pfuschen vielleicht: die unendlichkeit abzuschneiden, die bewegung anzuhalten; da pariert's das anhaltende drängen auf bestimmtheit mit jenem krummen ding von einer zahl namens Pi*).

**)Pi/wären zu erforschen einmal die gründe für die feindschaft zwischen Logos und Zahl (grundsätzlich: zwischen qualität und quantität)*

und wir mußten einsehen daß wir uns hatten täuschen lassen. ganz schön auf den bauch gefallen!

es schien die durch die kreislinie umschriebene (vormals als Paradiesform hoch gepriesene) fläche *unseres glatten lieblings* doch irgendwo ein loch zu haben, einen *Wunden Punkt:* wo's sich allem anschein zum trotze – stellt' ich mir vor: irgendwo verkrümelte . . .

damit aber waren mir alle kreis-/rundformen und -bilder mit einem mal verdächtig: stille wasser, trügerische welt/bodenlos.

und in deiner pupille, seh ich, ist es auch, Marion Föckler – dasselbe: so dunkelschwarz . . .

und ganz ähnlich ein punkt war das in dem traumgesicht – wie du von dir erzählt hast, nicht wahr? die dachbodenszene in Haus № 10, die vision – oder wie soll ich dazu sagen?

in Nr. 10/die schlüsselszene

(und mein ominöser auftritt darin: Herr ICH/y in der rolle des anonymen Pilgers)

zuerst das gerüst, die lattenwand – einwenig erhöht an ihrem platz; da wußt' ich gleich *hier ist was los!*

an der wand plastisch aufgehängt: ein verschnürtes Etwas

. . . *'n Wickelkind?* zumindest noch zugehängt zuerst das Etwas – verborgen unter einem weißen laken.

aber der ort, alles – das drumherum versprach ohne zweifel ein großes Lebendiges Ereignis, eine schlüsselszene stand zu erwarten – sowas in der art wie ich mir als Junge immer gewünscht hatte: ich bin in Jena, und es begegnet mir der Weltgeist zu pferde . . .

eine große schau jedenfalls; na du weißt schon

– also ja – als Kleines Mädchen . . . verrückt im grunde: von einem Kind! sich sowas vorzustellen, sich auszudenken das alles!

so zehn/elf vielleicht – muß ich da gewesen sein; noch wenigstens nix da von busen und so, keine haare . . .

wir tranken Gelbe Brause – wie beschrieben: in der gemütlichen ecke hinter Tante Harietts laubenhäuschen. Marion und ihr alter IX/y

. . . erzähl weiter

– es scheint dir zu gefallen, hä?

– also keine haare, weiter?

– also ich weiß das so genau, weil – ich war ja nackt wenn ich da hing. aufgehängt mit stricken fest gebunden an dieses

lattengestell nämlich. und das war ganz grob und rissig, und ich konnt das alte splittrige holz wenigstens richtig fühlen. überall am körper. wie ich da hing – in der brutt unter dem dach. zwischen all dem alten kram da, flaschen – und überall dem gerümpel

– also gekreuzigt

– ja, so wird es wohl sein

na, für mich war das eindeutig; was da hing das war für mich *der gekreuzigte Logos*/DAS LAMM

hier fanden alte Digger ihr Dorado, hier beugten graue Kämpen das knie: die Letzte Ölung zu empfangen. hier am ende aller wege, im "kopf" des *Alten Mannes* – erlebten die Ewigen Krieger den Wendepunkt/ ihren Höchsten Augenblick, das Ideal!

noch einmal unter druck/fühlen sie sich gewaltig aufgemöbelt – und dann geht's

– *abfahrt!* abortieren sie am Kritischen Punkt . . . mit einem *knack!* hinaus: ein ICH/y (in Dritter Person, namenlos)

EIN SCHLUSSLICHT/*ab durch die mitte!* (arschbombe)

und tatsächlich: dann sind männer gekommen

– von überall; welche die kannt' ich bei uns aus der nachbarschaft – welche aber auch von den opas damals aus Bertel PRIEMKOPP'S tabakladen

alle freundlich/ . . . und kamen, das LAMM zu sehen; oh, ja – das war's was ich immer gesucht hatte, die schlüsselszene die ich brauchte um richtig abfahren zu können

heißt: in zünftiger haltung. wie vorgeschrieben: arschüberkopf

und so einfach war das: ich brauchte mich nur noch einzureihen in die *cour* der Alten Böcke

. . . wenn ich nurgefaßter wäre – ein wenig; nicht so atemlos

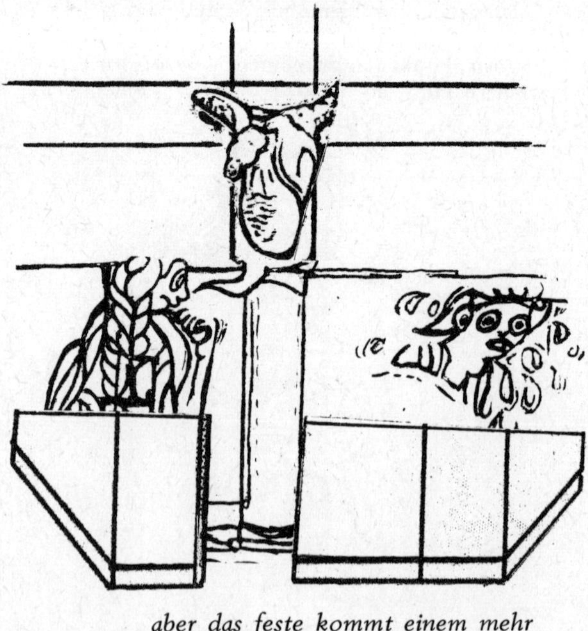

aber das feste kommt einem mehr und mehr abhanden; geht einem weg allmäh-

lich unter den füßen
und nicht lange mehr, so streicht der Fiedler seinen letzten wind . . .
oder man geht in lösung. überall; tritt in mischung; wird mitgemischt: verliert sich derart als Einer vollends in dem vielen
. . . bis schließlich ist man vielleicht nurmehr ein barocker schlenker irgendwo, der sich durchzieht, verwoben . . . wie schön?!
prachtvoll: im All verwoben!

AUF DER ABTRITT'S
(liste)

. . . *ein Alter Sack geht flöten;* und da heißt es dann, trägt katharsis sich zu –

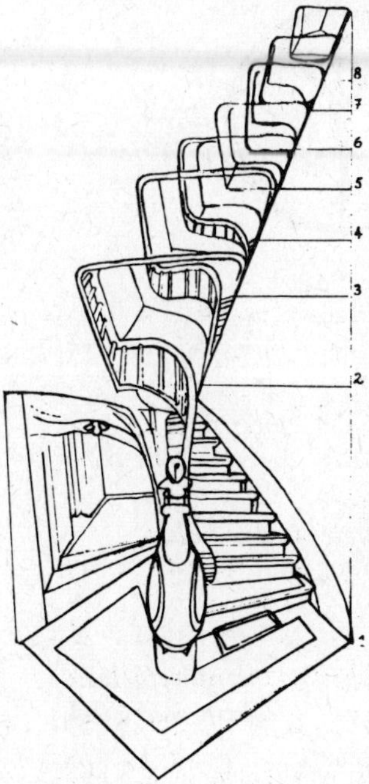

wie im prinzip dieses spielzeug. ich erinnere mich als kind . . . an so ein buntlackiertes blechtürmchen genannt die Spiralrutsche; da war ein aufziehmotor in der mitte des turmes und ein dadurch betriebener kleiner lift.
und da waren so kleine zelluloid 'holden' die wurden durch den aufzug nach oben befördert, dort abgesetzt – und dann rutschten sie selbständig die spirale entlang nach unten . . . wurden vom aufzug wiederum eingefangen und nach oben transportiert; so immer rum . . .
das war die spiralrutsche/heißt: der vorgang (die rutsche in aktion) hatte einen weiteren eigenen Namen DAS FLIEGERKARUSSELL
in natura ging das übrigens ganz ähnlich bei uns im treppenaufgang: oben aufs geländer und – abfahrt! rittlings ab . . . per hosenboden
man konnt natürlich auch runterspucken von da oben, klar . . . und warten. wie die spucke da ging – erst schnell
– aber wir können auch mal hier
. . . guck, Micki: die tür zum boden ist offen
(sagtest du das nicht?)
. . . endlich machte es plitsch da unten

oder

DIE VERSÖHNUNG MIT DER WIRKLICHKEIT

die (nach Hegel) das Wahre Wesen ausmacht aller geschichte . . .

. . . und also trat er hin vor das Lamm,

da sprach das Lamm, und es lächelte – und es hatte den X/y dennoch erkannt:

– *also gefällt es dir?*

– *mit dir/dies* . . . erwiderte er: *ist die Sternstunde*

– *also gefällt es dir . . .*

und er ging hin und küßte den spalt ihrer – *o!*

– *ist dir was? Marion!*

– *ja, mach weiter! so flecken . . . so komisch – ja, mach! ja! hundert/o! tausend/ ja! millionen: jetzt!*

. . . als der dicke Prenzlaff erschien (also war die zeit um?) der alte Schnüffler und sagte:

– *was machen Sie denn da?!*

– *ich schreibe meine memoiren, verdammt!*

darauf er:

der Biograf

– *auf dem abtritt? mit runtergelassenen hosen?! das ist ja . . . /sehr – sehr merkwürdig!*

und da heißt es aber, habe sich endlich der boden aufgetan: Moloch – und habe alles verschlungen

und erst tausend oder mehr jahre abwärts bei Nr. 1 sozusagen sei unser XY dem lichte wiedererschienen, weiß wie ein wurm

sei er aus dem hinterpförtchen *(anus mundi)* gekrochen, der Spargelkönig

– der Spaltenlecker! der Löchlischlupfer!

. . . in einem alten klohaus, einem derzeit bereits funktionslosen ehemaligen pißort auf vormaligen lagergelände der DYNA/Kalun Munitionsfabrik

hier auf der Düne AM STADEN

. . . *verdammt zur ewigen kreisförmigen wiederkehr*

rein in das ding
/und raus – und rein . . .
so hin und her

der Ritzenkriecher

der Raumspalter in seiner traumkapsel

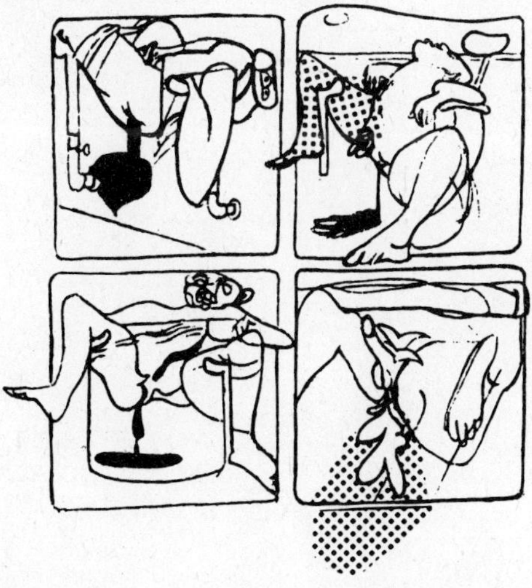

total perplex

immerhin – es gelang ihm
noch eines der bücher
an sich zu bringen/sein altes
von ihm BRIMBORION
(auch *Untertagebuch*) genanntes/
sogenanntes *Phantasiealbum*
– mehr sachbuch eigentlich –
. . . mehr fetisch fast! (möcht' ich sagen)

vorweg das übliche

m e m e n t o   m o r i

die beiden Wächter am Paradiesestor
– darstellend zugleich auch
den inneren zwîspalt, den
Inneren Monolog . . .

dann die mat'rialsammlung:
– *ich heiße Pflaumenauge; und du?*

. . . und sie hieß Anni damals *Anni A.*
ich sag's euch: Anni Amrath!
– *ich liebe dich, Anni Amrath!*

dann die bilder – von Anni
bilder und bilder: Anni – auf allen
wegen
Anni in rock und bluse/Anni
im blümchenkleid: lacht
schmollt. Anni macht – was?
... lacht in die linse
... leckt ein eis am stiel

Anni/Anni/Anni; dann
auf ein blatt gedrückt: ein kußmund
Annis roter kußmund. natürlich.

und Kinokarten. und Konzert.
Ausstellungseröffnung./und
ABO BIBO/*tanz* ... (erinnere mich:
hinterher ...)/und
delikat (unter einem streifen klebe-
film:)
haare. Annis haare, versteht sich;
haare vom Berge Scham – gepflückt:
... *da man vermutet* (es hauset die
warzige unke)
... da man hört (von feuchten nie-
dern plätzen und es sprießet ein moos wie haar
... wie haar so fein/und
wunderbar gerötet/und leicht ge-
kraust ...)

Weiter: *Jazz Band Ball*
– ein ereignis/erinnere mich: hinter-
her ... durft ich sie wie immer ein bißchen
blödbrav befummeln, dann ...
weiter ging die sache
... noch lange nicht.
dann plötzlich eine reihe
nacke !bilder – aus Oll Paproths klo-
schrank, die ... (hier über die jahre gerettet)

und wieder Anni Amrath in wort und
bild
bis endlich ein bißchen
ausgeprägter: zwei stück von

Anni benutztes klopapier
. . . aber sonst
nicht viel. nichts –
nicht ein hinweis auf Uschi Loleit zum beispiel, . . . auf Uschi aus Klasse 10.
auf Uschi, die damals längst rauchte
– *Uschi du riechst immer so brenzlich?*

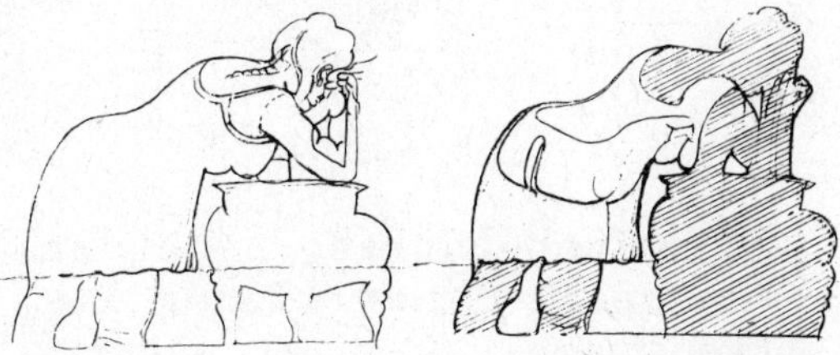

und 3mal die woche: die Alte Wisch - an ihrem startplatz dort oben (gesehen/damals)

nichts über unser sommerfest
mit Uschi und mir – unten
im heizungskeller
an einem eisernen geländer da in einer ecke . . . ich erinnere mich deutlich
auch an – irgendwas schwarzes
hatte sie an; ein trikot;
erinnere mich auch an
irgendwelche kettchen an Uschis fußgelenken . . .

stattdessen seh ich bloß
die doofe Anni. in vielerlei gestalt
sich wandeln: mit langem haar
dann kurz, dann löckchen . . ./und
während Uschi mir schrieb . . . *glühende liebe aus Lorsch* . . . les ich jetzt
meiner phantasielosen Halbjungfrau Anni trockene briefe aus Tirol

so ist es denn im grunde nichts, alles verkehrt in dieser Vergangenheit hier, wenn

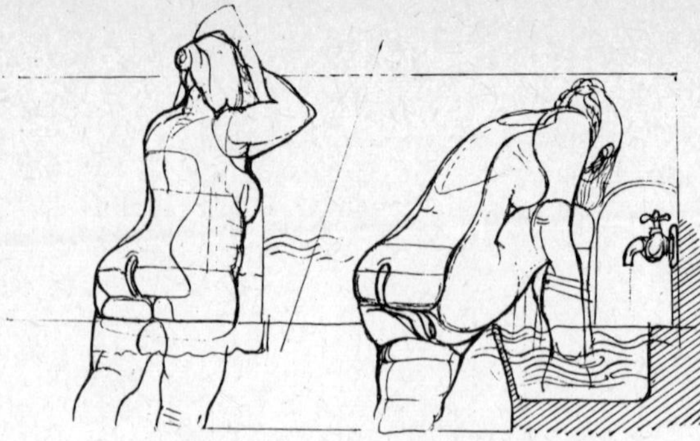

und zwischendurch, nicht zu vergessen: immer wieder die Alte Wisch

all das dasteht was viel besser nicht dastünde,
was besser nirgendwo stünde überhaupt
– und umgekehrt ...
nichts von Uschi also;
nichts von Frau Inge P./nichts
von Ille Kondrawitz ...
schmeiß also weg, dacht ich –
... als Prenzlaff das Dicke Schwein
erschien – mit runtergelassenen hosen/*aha?!*
– Sie müssen verstehen bitte ...

ICH MÜSSE VERSTEHEN, ALSO

... meinte er: irgendwie sei doch jeder von uns auf der suche und sucht sein Paradies (was immer er sich darunter nun vorstellt:) eine Frau stellt sich das vor vielleicht ... (seine Frau?) er und ich, wir – jeder; und sucht und meint hier oder hier *... und ist vielleicht längst auf'm Balkan mit seiner suche ...* *holzweg*

was will er da? was macht er da?
Der Gute Mann:
er spitzt sein holzbein an
er will nach Afrika ...

(oder: ... schirrt sein holzpferd an/ er will nach Sansibar:/dreh dich nicht um!/ dreh dich nicht um!/wer sich umdreht oder lacht –/wird kalt gemacht!)

man lacht natürlich über manches – später; wenn man das liest/zum beispiel:
DERWEIL war Pflaumenauge (ich zitiere das *Untertagebuch des Jungen Goetz)* ... war das Pflaumenauge unterwegs gewesen/

gewandert *unter tage*: in Blackburn's Fivethousand Holes ... dort suchend (zitiere:) einen weißen arsch ...

– *einen weißen Was?*

– einen weißen – laßt euch's wundern! – weiß zu erkennen unter fünftausend schwarzen *(holes)*; wie stehen da die chancen?

– laß mich's rechnen ... in erwartung also:

1 : 5 0 0 0

sicher aber ist: ein milderes licht als von dieser *idee,* dieser in die nacht ausstrahlenden rundform leuchtete noch niemandem, wenn ich mir vorstelle ...

DERWEIL war der Pflaumi ...

diese und ähnliche szenen voller heilserwartung spielten übrigens durchweg 'derweil' – sprich: *unterdessen/inzwischen* 'unter der hand'/in irgendwelchen zwischen*zeit*-räumen – irgendwo also und nur halbwegs wahrgenommen: *selbstvergessen*

... stand unser Flaumi die Weiße Erscheinung herbeiflehend/steht er jetzt vielleicht wieder mal zwischendurch im dunkeln, dunkeln wetterschacht, sein steigerlatein betend: *dieses Licht der Nacht zu suchen ...*

nun, einmal macht wohl jeder seine erfahrungen – mit derart flüchtigen *Vorschwebenden Gebilden*/vage was ich sonst gelesen habe im *Tagebuch eines Auserwählten* – war durchaus nicht immer so lustig, wem passierte nicht schon dies und das?

mein Auserwählter, die Knalltüte: Prophet einer skurrilen bilderwelt ideal-erotischer prägung.

und das menschliche gesäß (kreis-Ass) spielt eine entscheidende, beherrschende rolle; vom *Arsch der Welt* als Muttersonne von der wir aufsteigen, arsch der uns ausspuckt, den wir umkreisen um am ende auf ihn zurückzufallen – davon habe ich gelesen. und daß es des Zugehmädchen Lisas riesenkürbis war der unseres Helden vorliebe für dieses 'stumme bild mit dem doppel' einst erweckt hatte, erregt . . .

die Erste Blume

zu wissen auch das Wie ist aufschlußreich immerhin

auch die kenntnis, das wissen um *das Stumme Flötenspiel* unseres sanften Helden: o welch artige scheu in allem was er spielte!

Knalltüte selbst indes vermutete (und wohl nicht zu unrecht) daß er sich mit seiner ewigen onaniererei nur weiter entferne von diesem, seinem inbegriff, *zielbild* (arsch) dem er da nachtrachtete – schließlich auch im konkreten: als einer art *leitsymbol.*

sein bemühen geht also noch allzeit dahin die ursituation wieder herzustellen – sie zumindest nachzuspielen: zunehmend jedoch verlieren sich die energien des urbildes, verliert das bild seine verknüpfende, alles durchwaltende kraft: Knalltüte zerfällt buchstäblich in seine teile.

eine weile noch fühlt er sich als *Fremder Mann,* verliert jedoch auch diese rolle, begreift sie nicht als zum konzept gehörig . . . läuft schließlich bloß noch so herum, auf der suche . . .

endlich hab ich auch diesen zettel da wiedergefunden:

Böse Nacht

Frau P. (Marion) *Böse Nacht!*
böse böse; sie ist die Frau von einem unserer Alten Dicksäcke hier . . .

aber irgendwo eintauchen in den fluß: *Sündige Liebe/arschfidelei – bum! alles scheiße!*

dann die adresse: *Berliner Allee 12*
auf der rückseite:

TOD IM AUGUST

noch bevor der erste regen fällt
den asphalt näßt/und
das blut aus meinen augen wäscht –
(noch bevor der erste regen fällt)
wird sich öffnen mein mund: *Böse Nacht!*/und
herausweben wird CAMELIA weißes gespinnst
Frau Marion P, weiß und trocken

das webt/und

schließt die großen spiegel, die fenster und alles was augen hat in dieser straße (Berliner Allee): mein tod nämlich . . . mag nicht gesehen werden wenn er kommt/Tod einer Arschgeige

– *Sie müssen verstehen,* wiederholte der dicke Prenzlaff (Dicksack!) *also ... ich schlage deshalb vor, wir gehen zu mir – oder* (ich weiß ja nicht) *wenn meine Frau da ist, würde dich/würde Sie das stören?* *bei Selle*

– *warum?*

also nicht; gut. als Junger Mensch (was wußte einer wie Prenzlaff schon noch davon?) mochte ihm, dem da, die bloße nähe eines einem andern verehelichten Weibes noch als verunreinigend erscheinen – das gibt's! auch ohne weitergehende berührung/na, *weißt schon: so ... na, fassen so – an!/an ...* als eine verunreinigung: er fühlt sich dann unsauber/befleckt irgendwie – und empfindet das bedürfnis sich zu waschen, abzuwaschen die schuld ... (die in Dicksacks augen allerdings keine nennenswerte war) also? keine bedenken? gut; ein gästetuch und seife auf dem spülstein lagen für alle fälle bereit

– *also gehen wir*

*

– *also kommen wir, weißt woher? aus der kneipe ecke Leninburger/Leitzmannstraße – kannst dir denken? bei Selle. und mal wieder voll wie die rohre ...*

– *das seh ich!* sagte sie

... und hoffentlich hat euch da auch jeder gesehn, Nalle Prenzlaff – und jeder gehört mit deinem ewigen *meine Frau wissen Sie, hat höh're schulbildung* ... und wie er das machte! quatscht die leute einfach an: *ich heiße Michael* ... um sich dann nach jedem zweiten satz dafür zu entschuldigen mit dieser arschleckermiene: *ich hoffe du bist mir nicht böse, sollte ich dich vorhin vielleicht einfach angekotzt haben* ... bei jedem macht er das, bei jedem – wenn er spürt, wenn er meint, der andere hat was ihm fehlt: seine abgebrochene schulbildung nämlich ...

... und dann seiner Frau ins bett bescheid zu sagen: *da bin ich! schläfst du schon? ich hab uns einen Gast mitgebracht ...*

– wie spät?

– weiß nicht; nicht spät, nehm ich an ...

... ja geh nur!

(er schloß die tür.)

*

aber paß auf: seiner Frau macht das spaß – wenn/daß überhaupt mal einer ins haus kommt ...

... kommt sie schließlich rein ins vorderzimmer, den morgenmantel eben drüber – noch so bettwarm mollig duftend: ganz schön hurig, wenn man sich vorstellt ...

– meine Frau. und dies ist der Junge Mann aus dem institut; seine familie stammt übrigens auch aus deiner gegend da.

– aus Wrilach.

– das ist die Britza ...

da wußt ich schon gleich würde mein Uru da: mein Gatte kommen mit seinem witz – da ist er schon ...

eloquenz

steht's Eilchen (das ist ein Macherl aus Wrilach) einstmal mit sein fotzel an der Beute (Börse) auf anschaff – sagt so ein Beuteln, den sie da ankinkert hat und nu beschludert: für ein Ficksel sei sie ihm zu g'salzig *eloquent* ... fragt's Eilchen ganz abafft: *a? a' wenn: versteht's Freitel: hat's amol an z'klitzen pingelmann – kann ma's lochent allwegs no zuknippen ... steht's?*

und der olle Dicksack, mein Kerl dem die wampe dabei wie'n sack aus der hose hängt: mit seinen karottenfingern, seh ich, fummelt er sich dauernd da rum ... kneift sich in die schwanzspitze vermutlich – und gießt sich weiter voll, soll er! denk ich;

aber deine Frau, lieber Nalle, die wird sich jetzt mal nett unterhalten mit einem – daran wirst du sie nicht hindern ...

so tauschten sie alsbald dann worte der erinnerung (an die gemeinsame heimat etc. p.p.) der junge Dichter (oder was ist er eigentlich? Student? im augenblick jedenfalls Praktikant ...) der Junge Fremde also. und die Frau.

– *und wenn er mal pinkeln muß,* sagte da der Dick v. Schweinslaff: *das will ich bloß noch sagen: ist am besten einfach durch die küche aufm hof; Marion – zeigst ihm den weg dann?!*

und stand auf, Prenz-mein-Dickes-Schwein, *gute nacht* – und: *schlaf schön;* ich weiß hoffentlich es macht dir nichts aus, wenn deine Frau sich noch ein wenig unterhält (ich weiß; er will bloß nicht daß dauernd das klo geht um diese zeit – ist es schon still überall im haus hier; also wegen der nachbarn/ hat er ja recht ...)

*

später auf dem hof, die Erinnerung – *komm,* flüstert Böse Nacht: *komm mit, komm mit raus – Böse Nacht!*

(o! nennst du mich so? Böse Nacht!)

es zeigte sich aber, der andere damals (der Praktikant: Böse Nacht/1) war anstelliger gewesen; der wußte schon; kannte einen haufen mädchen aus dem institut *(labormäuschen),* sagte er. warum nicht?

warum nicht.

dieser dagegen saß nachher bloß auf dem sofa, wie's schien, nahm sich ein buch heraus: *Zeit der Sünde*

Zeit der Sünde

– lesen Sie soetwas öfter?

in letzter zeit lese ich – ja wenn ich ehrlich sein soll, da müßt ich gestehen: ein bißchen als ersatz; denn so wie ich ihn verstanden hatte, hatte er mich schließlich um meine meinung gefragt – also: Sündige Liebe? gewiß gäb es das; käme nur drauf an ... ja, könne sie sich denken (obwohl sie selbst natürlich noch nie/nicht im traum – und gewiß nicht mit einem Praktikanten im institut ihres Mannes wie mit dem leichtfertigen Burschen, dem andern damals ...) da dies – so es dennoch einmal geschähe – für sie etwas ganz besonderes bedeuten würde.

war er nun zufrieden?

nein. alles scheiße. vielleicht hätte er erst länger darüber nachdenken sollen; aber diese art literatur ... wozu sind da sachen beschrieben, ist das nicht überflüssig?

zufrieden? nein: alles scheiße!

überflüssig zu beschreiben was sich zur not jeder selbst ausmalen kann; wobei er hinzufügte/hinzuzufügen wäre ... sagte er:

– mag sein, die phantasie ist nun meine besondere stärke!

ja, also – das war der mit der Besonderen Stärke/mit der Wundertüte; oh, ich hab was übrig – wie?! für Wunderknaben dieser art ...

*

Wilma kannte mal einen: *zum piepen!* der wollte klein sein und in ihr ohr passen: *pusterchen!* oder mal symbolisch aus ihrem schuh machen: *schlickschlack!*

das war ein Kerl?! mit so lauter verbohrten liebeszeichen – einander zu geben; ein Schweinchen war das ...

*

die dicke Wilma/Frl. Franck – gluckste, gigserte – nämlich was Lisa ihr erzählt hatte von dem Jochen, *du weißt ...*

und irgendwie wohl im hof.

und ich sagte: *Jochen – du hast mich schon gesehn, aber denk jetzt nicht daran, denk lieber, ich sei irgendeine, die du zufällig hier getroffen hast.* ja so muß man sich das wohl vorstellen

irgendeine

... mit der du mal stehst, angenommen: unter der tür unten zum hof. während

die andern längst in ihren betten sind: die merken also nichts davon, nur wir. wie du mals mit Lisa, stell ich mir das vor, weißt doch: wie die Männlein im Walde, ihr . . . sag, wie war's?

– wie was?

– na mit Lisa! und du. ihr habt doch/müßt doch irgendwie harmoniert haben. was ge/ . . .?

ach, doof: DOOF!

. . . und hatte also recht als sie das sagte mit dem Bengel: ist das so, daß der noch gor nix richtig kapiert einglich. nix wie man sich das wenigstens vorstellt

fragt man sich also, was glotzt so einer dann in ander' leuts klofenster? das hat er doch?

und ich sag also noch mal

– wenn du willst, Jochen/die brötchen bringst: ich hab was, wenn du willst

ach, auch DOOF
(alles doof)

denk derweil und frag lieber
WIE KOMMT DER HIMMEL AUF ERDEN

kannst dich vielleicht erinnern dazu an eins der bilder die wir hatten stibitzt: dem Oll Paproth aus seim fach im klo

da war das so, der boden tat sich auf *kraft des gebetes.* oder wie meine Große Schwester immer behauptete Von den Heiligen Frauen: *es kommt der Himmel auf Erden . . .* *kraft*

da hat ich schon bald raus daß sie da was machte im bett manchmal abends, allein mit sich. das war dann so ein beten ungefähr, ein flehen wie man sich das vorstellt vielleicht.

an hand der bilder dann überlegte ich *an hand*

also – da sitzt die frau zuerst allein. sie verbirgt ihr gesicht. wohl im schmerz. vor kummer?

vor scham vielleicht? *im gebet.*

geht's weiter/nächstes bild:

kommt eine besondere botschaft vom himmel – an einem rotweißen fallschirm geschwebt/runter: AMOR ALS PILOT landet *auf einem runden roten berg,* der ist untenrum ganz *mit einer schwarzen mauer* umgeben. darinnen (in der mauer) ein tor. *die botschaft*

№ 3 ist vor dem tor eine säule, auf der steht eine kleine schwarze hand und zeigt *mit dem finger:* LE PETIT FILOU! *tor/säule*

№ 4 ist Das Frauenhaus geheißen: *in der nacht.* und links wieder die Frau von vordem – hebt die hände jetzt in verzückung, vielleicht über *frauenhaus*

№ 5 Das Lied des Blinden Spielmannes, der sitzt da so und dudelt seine handleier: Der Greise Orgias

– In Umnachtung, glaub ich, heißt das bild. sagte Marga Fölsch: *oder In Narkose?*

um das zu prüfen sagte ich eines morgens nach einer solchen nacht zu meiner großen Schwester:

– na, Kosefinchen? wie steht sich unsere Betschwester mit ihrm klein' Flutschiphil/filou?

da hat sie mir aber eine reingefitscht!

... reingefitscht, weil – sie war sich da einer sache bewußt geworden (über nacht?) meine Liebste Dita, ja, nehme ich an: heute weiß ich es so ziemlich – aber damals?

ich kiekt ja noch kaum übern tisch bei uns, wie sollt ich da wohl wissen – warum z. b. die roten flecken auf Ditas wangen bei erwähnen des ein oder anderen sachverhaltes? wie das alles erklären? in zusammenhang sehen auch mit dem, was ich gehört hatte über die treppe runten aus dem waschhaus – gehört über die frauen bei uns und allgemein:

Salome tanzte vor Herodes: Frau vor Mann

die Fricke (hört ich die Alte Frau Wisch) vor diesem, *ihrem Saukerl da* (Pohanke) *– natürlich nackert!*

meine Dita aber tanzte ganz allein (ganz allein) vor dem badezimmer-spiegelein-an-der-wand, das sah dann und sagte weiter Jochen Köppke, genannt: *Der Spekulierer.*

DER SPEKULIERER*)
(Das Badestubenfenster/1)

*)*Schulhannes*

na, der Junge

(später hieß es dann nur noch *der Bengel;* gemeint war jedenfalls Jochen Köppke)

der Junge also putzte und bastelte viel an seinem fahrrad, machte sich – ohne dabei sonderlich aufzufallen zu solchem zweck in dem kleinen kabuff neben dem waschkeller zu schaffen. und tat (was indes noch niemand bedacht hatte): er lauschte der weiberwäsch nebenan, was die so mit einander hatten. das war eines.

ein anderes war/und vor allem: er wartete dort auf den augenblick (*der Bengel!*) daß man einpackte nebenan, daß der waschtrupp die bastion räumte/abzog, der keller frei wurde also.

war das geschehen, stahl er sich rasch rüber/hinüber: dort *posten zu beziehen* – nämlich: im waschkeller waren – das hatte der Bengel einmal ausbaldowert – oben unter der decke die zwei fensterluken, die gingen je links und rechts zu den badestuben und toiletten im parterre.

stieg nun einer wie unser Jochen auf den dort befindlichen schrank, den hatte der Hauswirt aus seiner werkstatt schaffen und hier aufstellen lassen: ein klotziges möbel – groß und stabil genug, seinen Mann zu tragen ... so konnte, wer dort oben lag, je nach wunsch bequem in beide fenster sehen; bad und örtlichkeiten waren gleichermaßen vortrefflich zu überblicken – hüben wie drüben.

dort nun lag unser Jochen auf der lauer, vor unerwarteten besuchern bestens geschützt, verborgen nämlich hinter dem kurvenreichen aufbau vorgenannten möbels von einem schrank, diesem monstrum ...

... ...

der Jochen also

irgendwie/-wann einmal aber hatte irgendwer – möcht ich sagen: die Hauswartsollsch gewiß – die sache doch in den wind bekommen. jedenfalls: man erwischte den Heimlichen Fenstergast, den Spekulierer-Jochen.

zugleich und fortan traf ihn der zorn vor allem der sich ertappt fühlenden weiblichkeit des parterres, es setzte backpfeifen – und nicht zu knapp.

allein Lisa, unser Zugehmädchen in der zeit, obwohl nicht minder betroffen natürlich – ich meine: obschon ebenfalls unter den *geschädigten* ... allein unsere Lisa schien dem vorfall weniger bedeutung beizumessen, war nicht erzürnt, nahm die angelegenheit mehr von der heiteren, komischen seite – jedenfalls: sie fand das ganze doch bloß zum lachen.

während sich alle welt ereiferte, schien Lisa sich daraus richtig einen jux zu machen?

offenbar ja.

denn dann hörte ich sie und Jochen gar ein paar mal miteinander lachen.

und sonst? wollte Lisa wissen: *was*

machen unsere Damen denn sonst so?

ach, das ginge alles sehr schnell, antwortete der Jochen – etwas verlegen, doch froh, einmal ohne schelte wegzukommen.

schnell?

ja, meist

was machen sie?

n blödes gesicht – ziemlich, antwortete Jochen: *die meisten ...*

nun hatte Lisa, das wußte jeder, auch einen Freund – *einen Freier,* wie meine Tante Lissy sagte. mit dem traf sie sich nach feierabend: da wartete der schon hinten am hoftor.

jetzt aber vernahm ich zu meinem erstaunen wie Lisa diesen, ihren Orgi, dem Jochen gegenüber einen Blöden Heini nannte einmal – als die beiden wieder mit einander tuschelten und ich hörte zu.

sagte sie: *was die leute reden, Jochen; nein, nein nein! komm doch heut abend und wir können uns mal über alles unterhalten, wenn du willst*

– wann, um sechs?

– o nein, zu früh! um sieben frühestens. in Weber's Park, da wo hinten das pinkelhäuschen ist ganz am ende: ausgang STADEN ...

*

AM STADEN

und dann trafen sie sich, Jochen und Lisa; wie verabredet war: am *Alten Mann,* dem olln pißhaus da draußen AM STADEN

und ich sag:

– langsam, mensch! kommt mir ja vor wie ...

aber der gibt keine bucht; wenn er bloß mal loslassen würde, denk ich: und eigentlich ist es auch wurscht – so oder so, wird schon nicht gleich was passieren ... und fang an, ihm überhaupt erst mal den hosenstall aufzuknöpfen – was meinst du: auf einmal will er nicht mehr!

laß doch mal die klappe aufmachen
sagt er: *laß uns erst hier weg*

so? und eben? du bist drollig: mir reißt du fast die wäsche vom leib ... und dann laß doch wenigstens mal los, Kerl!
– da rüber? komm
wie du willst, denk ich

doch dann bleibt er plötzlich stehen
– *was ist?* und es hätte mich fast umgehauen als er das sagt:
– *laß uns aufhören damit. das geht ja doch alles schief mit mir, ich kenn das ...*

DA GING HARIETT

da ging Hariett den sommer dann runter mit den kindern in die laube AM STADEN

Oll Paproth grüßte über den zaun, denn siehe *der ist jetzt auch immer da;* Opa

Köllsch sah gelegentlich ein: mal dann mal dann – auch sonntags wenn die Prenzlaffs *zum kaffee* kamen. Pöker damals als Kleiner Guggu noch (in der karre):

– *billi guggu/gilli giecks machern!* *billi guggu*

– *gille gieks!*

(und alles freut sich. so einfach ist das da!)

also die kinder. Lisa, Marion – balgten mit dem hund von Opa: Raffke hieß der. aber Jannes Prenzlaff hatte wieder was gehört: Radio Kronstadt und so ...

die üblichen gespräche damals, du weißt. Alfred wollt dem geschwätz wie immer nicht glauben/*nicht ein wort!*

– *das ist doch alles bloß propaganda von da drüben – ja, meingott!*

der Alte Köllsch war nun schon in Teschen dabeigewesen, sagte er: *Oberländer Jäger* ... aber wenn Alfred und Jannes Prenzlaff sich mal in der wolle hatten erst richtig, *weißt du ja: kam keiner mehr zu wort.* und dann gab's auch kein anderes thema für sie:

– das sind doch heckenschützenparolen! das ist überhaupt eine gesinnung in unserm staat die hat uns einmal fast das genick gebrochen. diesmal werden wir besser aufpassen, unsere belange nicht so lax hintanstellen ...

Opa ging dann meist mit Hariett, Mia und den kindern runter ans wasser, zu machen was Opa immer nannte: spijöken/ *rumspijöken.* mit dem hund natürlich immer dabei.

– *spi——ijök! spi——ijök/rabatz!*

nach all dem spijök zurück, saßen wie vordem Jannes Prenzlaff und sein Schwager Alfred, der sagte gerade:

– als Mensch, als dein Schwager bedaure ich dein persönliches schicksal (6 jahre haft); als Staatsbürger muß ich die von dir eingenommene haltung indes scharf ablehnen, notfalls sogar bekämpfen. und ich verstehe nicht deinen starrsinn, muß ich ehrlich sagen ... *Opa noch einen schnaps?*

DIE GESPANNTE LAGE ALLGEMEIN

plötzlich geht da was los

– *wie damals das beispiel Teschen*

leute werden auf offener straße erschossen

– *das heißt aber nicht erst dann*

da ist dann länger was faul schon.

– *faul im staate*

der Dicke Paproth nebenan hatte an dem tag seine Schwester zu besuch

– *ist das wirklich die Schwester von dem?*

ich glaub, ja

– *sie führt die kleine konditorei am Freimarkt,* der Mann ist gestorben soviel ich weiß. übrigens: *Lisa! hol doch mal die jacke für Tante Mia, liegt drinnen über dem stuhl ...*

ja ich find, es wird kühl. die männer sagten wie üblich: sie wollten noch mal rüber in die Kajüte. mal rüber: sehen und n bier vielleicht.

– *ja eine bedrohte welt ist das* in der wir leben müssen. von innen bedroht und und von außen ...

– *gehn Sie mal rüber zu LEUNA,* hören sich da um! oder ins Lobauer Revier, Untertache, Memmingen: meine gegend, sagte Paproth

Paproth der hier sein häuschen hat jetzt, sagt: er dürfte eigentlich ja nichts meckern. er hätt sein auskommen (rente), er kann hier abends ein würstchen essen und 'n bier dazu: am stand hier in der Kajüte.

aber hörn Sie sich mal um in Cassenfurt, sagt Paproth der hier sein häuschen hat: er selbst ist aus der gegend da.

– *schaun'S: i Memminge un allwo's no oblackert ham die kleine leut – mit denere verschbreche's Revier g'sun z'mache – sozumal: mir draun dene oberkaschelte Läcke do nun lang nimmer, keim vo dene!*

– *a gänges-o! die polizei ham's uns komme lasse! de hinnerpfützische Eichler – hat allz'mol g'wußt, daß mer nu nimmer ewig schtillhalle würn – wenn's a mol käm, denne die brill z'butze, woll Schorsch?*

der angesprochene Schorsch, bis daher stumm in einer ecke über seine bockwurst gebeugt, zahlte. *nä, er wöllt nix sächen, wüß a'nix;* argwöhnte nämlich:

– *ja sinne S'nit vlei gor a sowelcher vun dene Verkappte Sipo? un dumer frogn als wüßten'S nit eh?*

räumte noch seinen pappteller weg in den papierkasten, nahm schließlich sein fahrrad das er da angelehnt hatte, von der wand. schon halb drauf, einen fuß auf der pedale, wandte er sich noch einmal um:

– *brill abbutze, woll?! un mir bittschö: an krötz*) abbutze – ließ'e mer bei dene herkummene halunke/pack: !!!*

**)hintern*

und radelte davon.

*

ES KOMMT DER TAG

hatte Opa Köllsch prophezeit: *da wird zum sturm geblasen* auf all den bunten plunder und kokolores, den ganzen ramsch und rott!

da weltzeit's zum durchbruch!

. . . türe auf und losgeknallt! stürmten sie denn auch herein tatsächlich (eines morgens) und auf ging das Große Sackhüpfen

EIERMANNS TANZ

ein riesen jokus für Pöker (alias Baby Guggu) wie sie seinem Alten Hohlbein eins aufgeigten, dem Alten Affen beine machten und überbalbierten *daß es ne art hatte* *)! ihm die Kunst dabei kräftig über den knast hauten: *eia!* die droschen und kloppten.

und Pöker schaute zu, bis – dann sperrten sie Pöker aber in den schrank, in die besenkammer auf dem mittleren flur.

*) *geselcht!*

*

MONTAG

. . . ließe sich leicht arrangieren:

schwarz in tönen; ein narbiger neumond dabei (so man grad einen hat). sonst dunkle glasflaschen/grün – darein so lila blühenden nachtschatten: kartoffelkraut. dazu brennessel. krause mohnköpfe. hegebutten. allein weiß *in der mitten:* eine tasse dampfenden kaffees – und das bild des Hlg. Hieronymus, aufgebahrt.

*

die faktoren gehen jetzt wieder nachtkontrollen. und wer da bei was erwischt wird, der kommt gleich rüber in die Vernehmung, egal was . . .

– *wobei erwischt?*

– *weiß ich?* manche frauen rauchten unerlaubt in den gängen. oder waren unerlaubt ferngeblieben von ihren schlafstätten: hatten vielleicht *beziehungen unerlaubter art* mit personen. hab ich gehört, das war alles verboten. nur in eigens dafür bezeichneten räumen, oder wenn ein besonderer *Passus* vorlag als genehmigung

fernbleiben und aufenthalt . . . also.

solche beispiele mußten abschrecken und so weiter.

DIENSTAG

erscheint mir immer als eine art Kleines Vorlicht auf den kommenden Freitag, ebenso blaß und weiß: märzsonne, dazu der geruch von eingeholten schon keimenden kartoffeln im keller in einer kiste aus trockenem holz. lebertran im löffel: *morgens;* ein baumwollenes grobes leibchen mit so billigen, weißbezogenen blechknöpfen. *Spekulatius* in allerlei form. Braune Kuchen und deren duft in der küche. viel sidolgeputztes messing bei herd und handstein . . .

Trostbrücke in K.

MITTWOCH

Pöker hat jetzt eine neue wollne hose, das ist die gewesen von dem Erwin, den sie *Kasper* nannten, den hat der Wächter Tischler neulich in seiner wut – wie er brüllte: über *diesen Schmulakenbengel!* mit der flachen schaufel paar mal auf den kopf geschlagen und tot. der Kasper wollte aber nur witzig tun und stolperte dabei mit seinem kübelchen: da goß sich die suppe über die blumen des Wächters Tischler und auch was an dessen stiefel. *die hose*

es ist trotzdem gut, daß wir den Tischler haben und nicht den Pulac, sagen die leute. der Tischler ist da noch eher gemütlich zuletzt; und wenn die frauen hier bei ihm putzen – und ich hörte daß die großen Ostrich-Töchter Mabel und Maud (obgleich sie deshalb ein bißchen in verruf stehen)

DONNERSTAG

ja bau dir deine welt!

der Donnerstag soll nun leuchten in jedem fall: abends im august und in sattem grün; tomaten auf dem tisch – frisch aufgeschnitten. salz dazu und blaue feldblumen. löwenzahn (pustekopf). vor dem garderobenspiegel so zwei hunde aus porzellan: einer weiß, einer mehr grau.

viele sterben jetzt am *fleck*. jetzt wieder der Vater von der Kleinen Wilma

FREITAG

die fälle von diebstahl nehmen zu. alles mögliche wird geklaut, dann ist wieder appell für alle zur inspektion.

die Ostrich-Schwestern standen

*

man ist hier dauernd gestört, also . . .

komm ich zu meiner wochenplanung, *Freitag das zebra unter den wochentagen,* silber/nadelstreifen: regenmuster. für kinder ein *Cape* wie Pöker eins hat: schon ein bißchen eingerissen an den armlöchern und mit *Leuko Plast* repariert.

das paßt zu fisch: matjes mit pellkartoffeln in speckstibbe!

das paßt zu anfang november, mag sein aber auch ebenso gut wieder märz: im fenster noch das schwarz/weiße zickzack frisch beschneiter bäume. auf dem mittleren flur der geruch der Großen Wäsche, ah! in der Küche ein brodem (siehe auch Dienstag)

SAMSTAG

die Frau Wisch nebenan sagt, sie hätt schließlich auch ihren Mann verloren. das genügt ihr.

es gibt viel streit jetzt. die *Enclave B* ist zwar aufgehoben, aber das Marinegebiet soll noch stützpunkt bleiben. (andere sagen allerdings, alles wird demnächst freigegeben)

der Wisch ihr Mann war auch bei den Jägern damals, und der Pulac sei ja überall bekannt gewesen als ein solches Schwein, sagt sie. zuletzt soll der verletzt gelegen haben in einer garage; da hört man, hätten ihn seine vormaligen Bagaluten, *das Linskipack* wie er immer sagte, gefunden, rausgezerrt und mit benzin übergossen*) (andere sagen: *zu brei getrampelt)*

**) und angezündet*

*

nachdem die *Sperrzone A* und jetzt auch das Marinegebiet bei uns aufgehoben ist, sind wir gestern zum erstn mal wieder runter AM STADEN gewesen: um zu sehen was da noch ist überhaupt.

das barackenlager ist weg. steht bloß noch ein häuschen mit toiletten. und die ganze munitionsfabrik DYNA ist überhaupt auch weg: ratze kahl!

nur die flakstellungen und alles da ist jetzt prima für die kinder zum spielen natürlich und rumtoben! da muß ich aber plötzlich dran denken, das letzte mal als wir da kamen, weißt noch? der tote Landsturmmann, der da lag – *bärgs!* die masse fliegen an seinem hosenschlitz besonders . . . als wir da kamen.

die fliegerkaserne HORST ist wieder kinderheim geworden. das geht jetzt alles von der Dänischen Kinderhilfe aus, gestern sind die ersten busse gekommen: kinder aus dem Industrierevier. wir haben gleich mit ihnen erzählt am abend und alles gezeigt.

kinderhilfe

*

wir sind jetzt dauernd AM STADEN unten und wollen für die sommerzeit irgendwann ganz da hinziehen – heißt: sobald Tante Harietts *villa* wieder hergerichtet ist soweit.

die alten tage werden neu erstehen

und heute als wir da waren, guckten plötzlich alle so aufgeregt umher: da war rauch. und nebenan sagte Paproth, *es brennt ein hotel an der KUR.*

nachher sind wir dann auch selber hin, es war tatsächlich ein großes *Hotel An der KUR* das hatte gebrannt zum teil; als wir kamen allerdings hatte die feuerwehr schon alles gelöscht.

aber die hotels da sollen ja alle in ziemlich schlechtem zustand sein von den verschiedenen beschlagnahmen der jeweiligen besatzung.

und eine *bumsbude* ist da neben der andern die straße lang. die meisten jetzt endgültig geschlossen nachdem nun die britischen Kreuzer auch nicht mehr länger liegen draußen in den Föhren.

ich hörte das alles mit von einem, mit dem Opa Köllsch lange diskutierte, die kannten sich von früher. und der ist noch ein Besitzer da von einem der kleineren häuser und sagt selbst: *abreißen das ganze rottzeug.* weht's mal ein bißchen, geht's gleich und klappert und kracht es überall: die fensterläden lose, dachtraufen leck u. s. f. man verhandelt schon mit geldgebern um kredite; denn es soll nicht so kommen wie es schon einmal war nach dem Ersten Krieg, als man rentner und kinderreiche familien heranzog mit kleinen preisen: um erstmal wieder zu kapital zu kommen.

– *die ruinieren uns wieder den ruf.* hat man doch gesehen; die leute von damals, wenn man sie fragt, sagen noch heute: *das ist da oben die Pyjamaküste!*

*

zu unseren freunden-auf-zeit damals aus dem kinderheim HORST muß ich bemerken: die waren aber auch wirklich ne eigene rasse. so weit ich erinnere, hatten die nur eines im koppe: *fußball didschen;* schon morgens früh manchmal noch vor dem kaffee konnt man sie hören vom sportplatz, bollern:

– *Mücke! (wumms!* pause*)*

– *a! wat bumscht a ewegs auf gol, du Flasche . . .*

antwort: maulhalten!

– *gosch! du Krücke (wums!) hep!*

immerhin abends in den Dünen am Alten Mann und so, unserm tempel, daß sie da mal saßen mit uns aus der Kolonie AM STADEN in der langen dämmerung.

– *woher seid ihr?*

aus Cassenfurt. *sein Vadder arbeit bei de LEUNA.* unser verein is Schalke, ja? tabellenspitze. gelegenheit, gleich noch wieder auch die fehlpässe durchzusprechen, Mückes fehlerhaftes abspiel . . .

aber dann war da auch dies schauspiel jeden abend – nämlich nachzusehen den brennfeuern der von den Engländern *(Tommys)* damals noch von Növern aus auf den Holmer Sand und die davorliegenden wracks von TIRPITZ und DETMOLD abgeschossenen flugbomben.

die meisten gingen daneben.

manche stürzten zu früh ab, einige explodierten gar in der luft – oder flogen sonstwie irgendwo irre in die gegend.

– *de is för de fisch,* sagte Mücke dann

/schadenfroh? Marga Fölsch natürlich bemerkte gleich und wollte wissen, warum er das immer macht eigentlich mit der hand durch die tasche: sich die ganze zeit da wohl an seim diddel rumwichst, *wa?*

– *und?* sagte Mücke: *was dagegen?*

– *ich denk bloß: tut das nicht aasig weh?*

ihm nich, sagte Mücke und zeigte uns sein dingsda, der war, *mann!* war der lang im vergleich – etwa zu dem von Margas Bruder Berni.

– *du mußt ihn mehr reiben, Berni.*

Mückes greisengesicht straffte sich (soweit man das grad noch sehen konnte da draußen)

ach, sagte Marga: *es ist was die großen immer machen, Bruto und die andern am strand;*

. . . da machen sie doch so daß sie den kopf recken und verdrehen die augen. als müßten sie kotzen vielleicht. dabei spucken sie so: *qualstern* – sagen sie, oder: *anwichsen* und also . . . das war (also) sozusagen die darstellung des vorgangs in großaufnahme: als sei'n sie jeder ein riesen Pill . . .

und das dicke davon ist der kopf, oben

– *jeder/und rotzen einer dem andern was vor.*

*

im *tempel*/opfer . . .

för de fisch, so wie die Tommys ihre

leuchtbomben da rüberwichsten. ganz ähnlich;

am strand allerdings – wenn wir dann mal richtig sturm kriegten ein paar tage, hatten wir aus den fischen, die da jedesmal krepierten von den bomben, leicht unsere tägliche extramahlzeit zusammen: alle sorten fisch, vom kleinsten rauf bis zum *tümmler.*

wir sammelten aber vor allem die *stintjes* da raus, das sind die kleinen: die ließen sich nämlich besonders gut braten – so wie wir das machten: in einer mulde mit steinen. einfach so am strand.

oder miesmuscheln, die kolonisieren ja überall und bei ebbe leicht abzubrechen von den steinen und betonklötzen, was da alles rumlag im wasser damals. und dann holz, trockenes – und seegras. das und die muscheln dann in die ausgelegte mulde da im sand. das gras brennt gleich los: dauert es nicht lange, platzen die auf, die muscheln – und sind also gar, so lauter gelbe dotter, auszuschlürfen. auch gleich gut gewürzt: seesalz und holzasche. dazu wenn möglich kartoffeln – aus einem der äcker irgendwo geholt, abgespült und rein: *lecker!*

(und ist das nicht, ja hör! der Kleine Prenzlaff der sich da schimpft mal grad wieder mit Marga Fölsch – son kleiner Kiebig, hör dir den an!)

... ...

– und du? wasch dich mal erstmal, Marga Fölsch, Alte Sau!

die Stinksau Fölsch und ihr Bruder Berni, die waschen sich nämlich nie

– allerdings, mein Lieber!

aber ihn wäscht ja seine Große Babyschwester zu haus und macht ihm ein *eideidei!* und putzt ihm noch *jeden schlatz* ab, jawohl!

– und du? das ist ganz einfach, Marga Fölsch: du stinkst!

*

und dann die geschichte mit den seidenstrümpfen und den strapps und so wäsche – die sie anprobierten im *Alten Mann*, dem pißort: die dicke Wilma und Lisa, seine Cousine

– *deine Cousine, Prenzlaff*

... und wie sie sich zeigten damit; und einmal hatten sie/was sie sagten auch: könnten sie uns jederzeit besorgen ausm olln Paproth seim kloschrank nämlich. so bücher und geschichten: ... *und er deckte sie auf, wie sie da lag: eine weiße blume/noch knospe – sah sie ihn an mit verlangenden blicken ...* und derlei krumme sachen immerzu; ich träumte das dann nachher von einem Mann, der war unser Nachbar (glaub ich: Musiklehrer); meine Mutter führte ihn zu mir ins zimmer:

– *Herr Doktor – ach, mein Kind ist krank!*

und ich hoffte nun – das wollt ich ja: daß er mich aufdeckt in meinem bett wie der Falsche Doktor in dem buch *Ein TROPICA-Frauenschicksal* "DAS MÄDCHEN BLANCHE"/Roman den ich gelesen hatte – – und wo sie sich ja auch vor ihm entblößte dauernd ... wohingegen – meiner da, der fragte mich bloß ob ich denn schlimme träume gehabt hätte letzter zeit

– *also: ja!* erwiderte ich: *öfters*

– *und was?* frug er weiter: *was hast du geträumt?*

nu/sag ich? ...sag:

– *ach eigentlich – alles mögliche so.* *alles mögliche*

– *da sei unbesorgt,* versetzte er: denn alles wenn es das gibt auf der welt: die steine/alles: die berge so hoch, der himmel und die wolken wie sie ziehen, die sterne ...

wenn es das gibt alles, kommt es auch vor schon in den träumen eines kleinen Mädchens

das wasser wie's rinnt und spült ...

... alles vergängliche auf erden: die *alles ist möglich*

menschen in ihrem tun;

auch wachen und schlafen – ja träumen sogar kommt vor;

auch die steinernen tiere im traum: versteinerte elefanten, steinerne pferde – wenn jemand das schon weiß, das ist lange her/das ist lange hin . . .

(da wußt ich schon – ach, das wird wieder eine von diesen langweiligen geschichten immer)

wenigstens: auch der Engel kommt schließlich vor, jenes Wesen; das ist der Engel, der wacht am Paradies und holt das Kind über die brücke und bringt es zurück danach.

eia wi wi/oder hier: das ist zum beispiel auch der kopf eines Mannes/*des Vaters sogar?* vielleicht; der schläft auch gerade: *alles kommt vor.*

nun das Kind liegt dabei in seiner wiege und da träumt es das alles. dies ist die wiege. und dies ist die brücke, da geht ein überweg – aber den kennt/weiß kaum jemand mehr, daß es den gibt überhaupt. und das kind ist ja noch viel zu klein sowas zu wissen: was hier ist und was zum beispiel auf der andern seite, also drüben; kommt nun der Engel, Das Wesen . . . nimmt's bei der hand: nimmt mit das Kind und sie gehen über die brücke nach dort.

dort aber ist Irrland.
da liegen hier/was sind das?

. . . lauter alte sachen, so zeug. und autobatterien. woher? ausgebaut da hinten: das sind französische Renold Lastwagen. die gammeln da seit dem letzten krieg: beutewagen, sagt mein Vadder.

ausgeschlachtet.

tarnfarbe – war da früher, ist aber längst wieder ab jetzt/runter vom regen und ganz weiß: so weiß mit braun' flecken (rost) überall und mit löchern und beuln ...

und hier/was ist .. ?

zeig/laß sehn: was zum lachen: *h'ch!* wird lang wenn du so: *du mußt ziehen!* wie son ding aus gummi. und los, zeigmal ... ja mach noch mal das komische vorhin: wie der Mann mit dem Dicksten Bauch, das ist der oll dicke Paproth persönlich, wenn er geht/ wie er kommt – so

böbb böbb böbb

so geht der wenn er kommt von seim Scheißhaus hinten.

und dies, die mauern auf der andern seite was Sie da sehen: ist die alte SODA/ *Kalun* Seifenfabrik. das wird hier aber alles abgerissen wegen schlechtem untergrund: sand und daher baufälligkeit;

inzwischen auch unter polizeisperre seit da mal ein Kind reingefallen ist und ertrunken in einem der kessel. allerdings – neulich hab ich gesehen, waren erst wieder welche da; und hat in der zeitung gestanden, auf einem klo unten im keller der fabrik ist eine leiche gefunden/ ... einer frau, die leiche: die war bei uns hier aus der Kolonie AM STADEN. ihr Mann arbeitete auswärts hier – wie viele: bei der BITUMEN in Oberbohlen. so kommt es ...

ALSO IRRLAND/heißt:

da sind nun die irrkreisel überall, das sind die irrkreisel in die man reinplumst – hier und hier und das hier: *die irrkreisel.* (( ))

kommt zum beispiel mal ein vogel wie grad
dieser jetzt, dann geht dem sein Ei verloren
((O)) wenn es in solchen irrkreisel gelangt

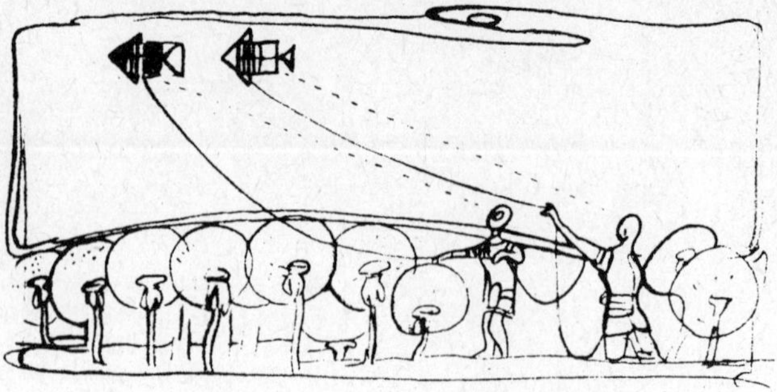

wenigstens: da unten bei der brücke
– o! jetzt! jetzt müßt ihr sehen! sitzt da
plötzlich son riesendickes faultier im gebüsch
Holzauge! und zeigt sein mondgesicht schlau nach oben
durch die zweige – und läßt dabei einen
schwarzen klacks hinten rauskleckern . . .

– orr! is'es von Otze Eckstein? da?

*– son Schwein! orr – was soll-a
laß! laß-a mi-a/krr-ch . . . so! du Arsch: das
sag ich!*

(hat ihr'n arm umgedreht, hä!)

*

AM STADEN

da stands du, weißt noch?

weißt nicht mehr . . .

du auf der ein'/ich auf der andern
seite an' graben hinner Paproths Land – wo
wir immer warn/gewesen: am stakett

un du zogs an 'em dünn' draht, da
quietsch'is je'sma innen krampen an 'em
pfahl-da

un ha'n euch auch wieder die haar
kurzgeschninn' (dir un dein klein Bruder):
wegn hier innen sommerta'n is viel ungeziefer

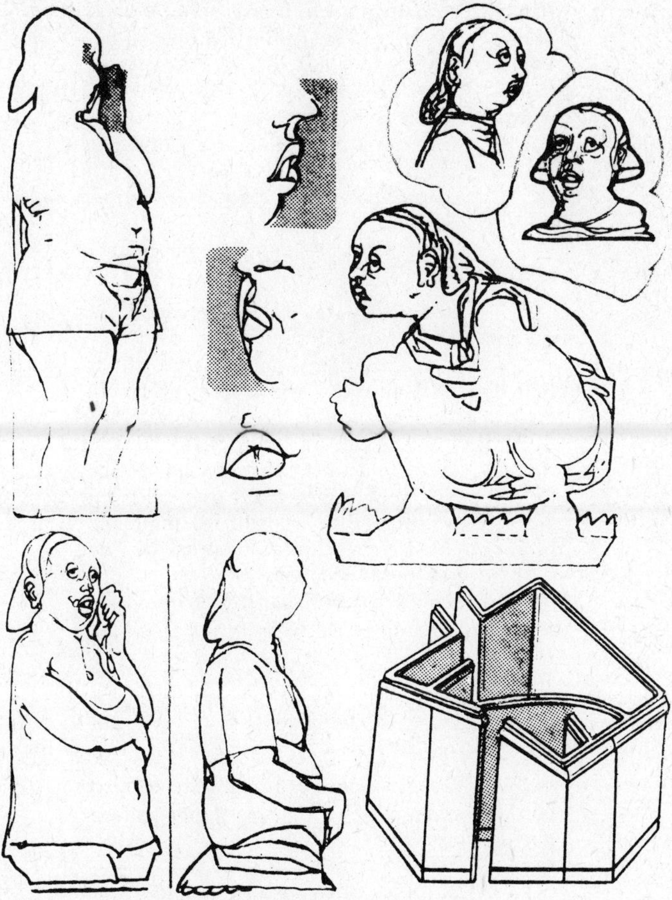

AM STADEN: Hariett u. die Kinder

sagtest du. ja – *die bei Zeiske, den klein' Peter kennst du: ham läuse gehabt*

sagtest du – und:

die goldruten gehn un'n wieder ma so schwer abzuruppsen. *versuch ma! oder – laß lieber:* 'sis grad so gefährlich hier rum – weil all's voll is hier mit rostign krams/ja . . . liegen lauter altes zeugs un rostige sachen rum, autobatterien . . . *woher?*

frag die jungs: Micki o'r Ola' Warncke . . .

– Arco?! Arco Lüders – sa, wo komm' die dicken batterien her?

– ausgebaut – da drüben. kannst sehn?

und also – ja, war'n wir wieder da: du und ich, Marion Föckler

aber trotzdem war's/isses nu gefährlich hier baafuß übern grund zu peggern einfach: *achtung! eisendraht!* hier AU'M STAAN/ Strandkolonie – du un dein klein' Bruder baafuß, wir . . . du un Micki un Olav un sein Schwester – auch inner turnhose: un'n mit son gummi drin rum wie du/ihr mädchen; bloß in hem'chen noch – stands du da:

ma' ma vor – so.

so? wie vohin. ja, so'ich ma? aber ers: Otti soll abhaun. sag ihm das. ('sis was zum lachen)

ja? (los!)

(und manches sah weißgott komisch aus das erste mal!) *hu! 's wird ganz lang – wie aus gummi!*

zeich ma/zieh mal . . .

. . . und noch mal! oder machmal den Mann mit 'em dicksten bauch der welt, den konn'st du so prima. (das ist der olle Paproth, wenn er geht – so *böbb böbb böbb* – wenn er kommt von sei'm scheißhaus hinten . . .)

und da wollt ich dann immer auch
am liebsten gleich mitmachen: jetzt gleich/
können . . . oder wie ich mir vorgenommen
hatte: endlich mit was anzufangen einmal/mit
dem: *o! erzähl mir doch von alldemda – sag,
Lieber . . . ich weiß ja, mal los! und laß mich
das bitte wissen: wann war das?* die zeit/auf
die stunde/sekunde genau der anfang: da
stand's du . . .
– *weißt noch?*
ach, weißt nicht mehr. schade.

*

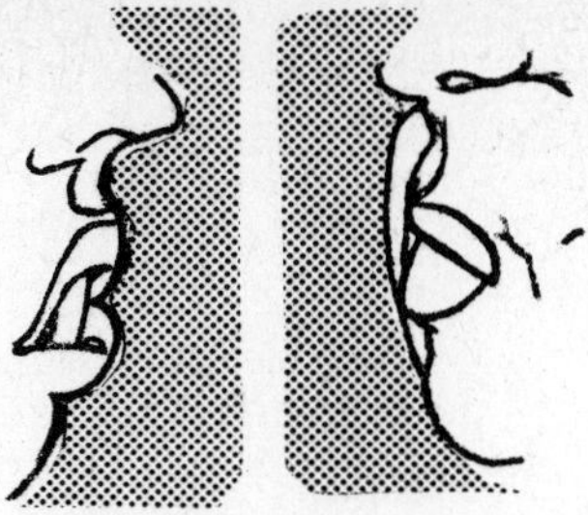

es liebte Marion zunächst vor allem sehr den Opa Köllsch von gegenüber in der Leitzmannstraße

warum? weil der einen hund hatte, Raffke.

den durfte Marion schon an der leine führen wenn sie gingen: erst in Weber's Park und dann die richtung STADEN runter, *wa Oppa?*

... und sieht man letzt das schild: ein Mann, der raucht ne zigarre/steht auch was drauf: *kauterlück*/RAUCHERGLÜCK – das ist Bertel Priemkopp sein laden dann, da gingen sie oft reinkieken.

Opa trank da immer seinen *Neger mit Schuß,* das ist ein kaffee mit was drin – nämlich schnaps;

und für Marion die Gelbe Limo vom faß

BEI PRIEMKOPP

Marion am tisch ließ beine baumeln.

und da hängt auch immer das ding im laden von oben runter: son ding über der roten tonbank. das ist/sollte sein, daß die männer sich ihre zigarrn anzünden daran, sagte Herr Bertel einmal. der ist immer da (PRIEMKOPP) in seim braun' tobákkittel und kommt und setzt sich dann mit an' tisch *zu Opa un mi* (sagt Marion)/heißt: sein kittel ist eigentlich mehr gelb oder bräunlich – wie überhaupt das meiste in braun ist in dem klein' zimmer da wo all die männer sitzen un schmeuken ihre knasterpiepen – o'r ne dicke Stinkadores-*Brazil*

Marion blätterte in der Braun' *Wochenmappe.*

und sagten alle dann, sie freuten sich: – *Oppa is da mit seim klein' Domino* (in dem dominokleid nämlich damals, Marion)

cara mia/kara*mella* knallbonbon: ich lebte froh und liebte Marion.

Marion kohlrabi/sülzpopo: so schier, so weiß, so braun . . .

so marzipan

vanilla/schokolade: ich fresse dich mit haut und haarn – so süß: dein blum'kohlohr . . .

dein senfglänzendes auge und all die
kleinen butterlecker/nasentüpfer!
schmalzrand: die butterstelle deiner schlüpfer!
o nelkenkranz! o heringsschwanz!

hier muß ich freudetanzen: und tanz . . . und tanz . . .

und Raffke der hund lag unnern

tisch und

und Marion sah die braunen bilder an, die geschichten

und Raffke unnern tisch schnappte nach fliegen . . . und

geht's? fragte Herr Bertel;

Opa zückte die dicke Stinkadora

– *hm/soso* (machte Opa)/feuer . . .

bißchen dröselig, möchte Opa sagen (sagte er: *paff paff/schmauch*)

das lag nun aber allgemein – wohl am wetter jetzt, die zeit.

schreibt zum beispiel eine Dame kürzlich in DER HAUS UND GARTEN FREUND:

ich deprimiere. kann das vielleicht am wetter, am klima hier liegen? daß ich so scheußliche sachen träume z. b. wie ich neulich die hintertreppe runtersteige in unserm haus, hör ich vorne den Gasableser raufkommen die stiege. und wie er dann klingelt; ich aber kann ihm nicht öffnen: wie von einer gewalt gezwungen bin ich auf der treppe hinten fest.

und komm aber schließlich doch in den keller

tapp tapp tapp – immer so; komm in die küche schon, als ich jemands stimme hör; der singt:

. . . *und stahl dem Koch ein Ei*

ein Ei? denk ich; da seh ich ihn bereits über mir, den Koch: ein Riese!

weil ich geradezu winzig klein zu sein scheine, hoff ich daß er mich übersieht – als er mich jedoch bereits entdeckt hat und ruft:

– *da ist er ja, der Eierdieb!*

. . . und nimmt den löffel und will auf mich nieder, ich kann grad noch sagen:

– *nein Lieber Herr! es ist ein irrtum, es muß ein irrtum sein – unbedingt!* als ich erwache . . . bin ich froh: gottseidank!

aber dann, da meint ich doch plötzlich und zwar im letzten augenblick ganz deutlich das gefühl gehabt zu haben: in dem rabiaten Koch steckte irgendwie mein verstorbener Mann. ja inzwischen bin ich sicher daß er es war da neulich unten ...

... ...

– *bißchen dröselig,* wiederholte Opa: ja

der himmel so schwarz, schon ab mittag – die wochen jetzt: das sind sie; der himmel so nahe zeitweilig: man meint geradezu, man könnt einen finger da reinpieken.

– *passieren die meisten unfälle jetzt in dem blödsinnigen licht,* mischte sich nun der Dicke da ein vom nebentisch – also: weil alles so weiß ist, meinte er.

– *leute fangen an zu spinnen*

– *hört man öfter; drückt jedenfalls gehörig auf die muspötte hier oben,* sagte der Dicke, tippte sich – als er das sagt: mitten finger an' dötz (muspott!)

überhaupt dachte Marion, son Dicker gefiel ihr. Marion wollte sich kullern/krumm vor lachen: *hier muspötte!* son Dicker mi'n bauch! und der hatte einen andern bei sich, der saß daneben: mitten eierflatschgesicht und dünn ...

also dem Dicken ist da dann irgendwas, ein kleines tier oder so ins bierglas geflogen

– *wenn man nicht aufpaßt also: fallen einem auch noch die fliegen ins bier ...*

– *und wird man hinterher auch noch ausgelacht dafür* (weil Marion wieder so lachte:) *paß du mal auf, Kleines Frollein!*

ha! lachen ist gesund; Dicker Mann ...

*

antwortet schließlich der HAUS UND GARTEN FREUND in seiner *briefkastenecke* an die Dame:

keine sorge. es gilt der Koch von alters her als Bereiter Köstlicher Speise.

wohl kann die küche (muß aber keineswegs) ein *ort unliebsamer überraschungen* sein. das mag zusammenhängen mit der gewohnheit – wie bei uns üblich: die küche im keller zu haben – und den damit verbundenen erinnerungen, etwa daß dort ein feuer brennt.

den Weißen Herrn mit der Hohen Mütze als einen *ausgewachsenen* Vertreter der Unterwelt zu betrachten, halte ich indes für unbegründet. deutet doch der eigene Ehemann als Koch Himmlischer Speise (am ende des traumes) eher auf *das Himmelreich* wo man uns im bett serviert . . .

die drohung mit dem löffel mag sein (so nicht ein mißverständnis überhaupt) vielleicht ein hinweis auf die *dort oben dereinst* wohl an uns geübte gerechtigkeit

*

es liebte Marion vor allem sehr den Opa Köllsch von gegenüber – wie gesagt: wenn sie gingen in Weber's Park spazieren mit Raffke, den durfte Marion schon an der leine haben.

wenn sie gingen . . .

. . . bis runter schließlich wo der bus geht: der ChausseeBUS nach Horsten.

. . . gingen bei dem hohen gitter wo der eingang ist und die schilderhäuschen mit den soldaten angetreten: die bewachen da das tor zur Fliegerkaserne. und muß man bloß über die straße dann: kommt man raus und ist AM STADEN oder wie es heißt AM WINDSBERGE, und alles ist ziemlich struppig da herum. sonst ist da nix; oder noch dies art häuschen *pissohr*/schifferlo: da gehen die männer; es kost nix.

auch sitzen da viele in der sonne, lesen die zeitung; kommt dann der wind: bläst er den' oftmal die zeitung weg. oder oftmal spielen welche von den' auch so Halma zwischen sich auf der bank.

nun: sieht man da mal unten, rüber zu der andern seite wo die kleinen vielen lauben sind, die dächer/schwarz – sagt Marion und zeigt: *da ist unser wochenend – wo wir sind immer, man kann an' strand und spielen überall und richtig schön, wa Oppa?*

dann weiter?

weiter ist bloß die bucht noch, wenn man sieht da draußen: alles wasser. *oder kannst du grad was sehen?* vielleicht einen dampfer.

einer mal: war Kapitän davon, Opa erzählt sich viel mit dem; FÖHRENSMANN. im Bäderdienst. Opa andererseits hat noch gelernt wie man damals die dinger gemacht hat (walzen) die sich drehen müssen und spielen in so'm dudelkasten hinterher. das ist dann *die musik* in solchen leierkasten.

sagt der Föhrensmann nun daß: der oder dessen seine Tochter hätt ein haus ganz auf der andern seite der bucht bei HOHENHAVEN, als hotel. jetzt haben sie da gemacht ein *nackt*Paradies für die Mondöne (?) haste töne! und dann erzählt er von da: wo alls ganz platt ist, das land. da levt noch ümmers Han

Dassel und sin fru: *seine Frau.* die heißt Maantje-Lu Kristin. de wohnt da in ein pißpott achtern dük – grad büssen weiter langs

als Maatje Priem, densin fru/*sein Frau* heißt Maantje-Ann Katrin . . . also die wohn da wie all die Traantjes un Flegenschieter in a bütt hinnern dükern: in son buckligen haubarg.

und da riecht das immer fein nach lebertran und nach Labs un Irish Stew. aber abends da rükt das nach Köm überall. und bald fängt das auch an zu spöken: *dann kommt der Bollermann.* der Lange Hein in sein schlickstiebeln rübergeglitscht von HOLMER SAND und *puust!* (und bläst) aufm schornstein un rökert da rum an 'ne bütten. da wird das erst gemütlich da: *alle trinken MAATE TEE*

jakiekwoll

nächstentags – die kinder auf der straße spielten *bollern:*

Han Bollerjann! Hann Bollerjann!
din frökens hen kinne höskes an
nana nanü nanu?!
Klistine heit sin fru

... da war das (ecke Markt) wo die höker morgens ihre lieferwagen parken zwischen kisten und kasten: stand auch wieder der alte CHEV*) son rostroter alter ist das mit hinten nem zweiradanhänger dran/diese art kennst du hier überall: flach und mit einfach ner plane drüber (der hänger). und die dicke Hökersch am steuer, sone richtige Grünollsche in wolljacke und bißchen krause haar guckt vorn raus unnern kopftuchknütten – jedenfalls ...

)Chevrolet

– *kiek mal, Oppa!* sagt da Marion-Klistin: *schiebt sich da unnern lenker raus, die – wie'n fetter Molly!*

... schob sich nämlich, die Hökersch: ein arm rechts oben am türrahmen – *kiekt woll kein?* – wollt ja raus da: *'dammtich! hiev-op Greitmogreiten!* in ihrm kittel bloß ... der rutscht ihr: nana? nanu!

– *kinnings kiek! Oppa, wa? des'inne dir Schnözche! nix um' lief: nix uppe prissen* ...

... Klistine heit sin fru/sein Frau.

ich traf Oppa nu nämlich mit sei'm Domino hier AM STADEN ... und diese blöde geschichte neulich von der ich gehört hatte, sagte Opa: *ja* ... (dabei wollte er nur eben rumgewesen sein, etwas besorgen auf der Kasse) und Marion?/sagte:

warum nicht, denk ich? ihm ihn zeigen (dem Mann meinen po) *ist was dabei?*

(o heimnisgefüllter Domino
so stumm/so weich/so weiß: so marzipan!
... es denkt an dich, du Mondgesicht:
dein Vetter Frosch ...) verstanden hat sie nur nicht, sagt sie, wieso er ihr dann da reingetreten hat – in ihr kleines hinterfrätzchen, weißes

– un eintlich bloß we'n dem hund

– wegen des hundes, verbesserte ich – und mein Marjönne (neben mir auf der bank) wiederholte:

– we'n des hunds, ja.

(es war nämlich so, daß der Raffke plötzlich weggelaufen war/verschwunden; und dann war Marion halt los: ihn suchen ...) der treue Gefährte, Trabant seines Herrn in dessen *gedanken* er lebt, dessen wege vielfach umkreisend er nicht weiß ...

– ich meine den hund, das tier: na? komm? komm doch mal her du Rote Rübe?! ja? und passen Sie mal auf – ja Sie sind gemeint, Junge Frau: es ist wegen dem tier ...

es sei wegen des hundes, sagte sie: weil es unhygienisch ist nämlich – einen hund hier (im park) frei herumzulassen. ich frag mich überhaupt wem diese köter immer alle gehören

– dieser da? dem Alten Herrn wohl nicht – zufällig?

nein. die gehörn niemandem. oft einfach weil derjenige gestorben ist inzwischen

– es ist trotzdem unsauber, sag ich

darauf er:

– also/ob bei Ihn' alles so hygienisch ist wie Sie angeben, weiß ich ja nicht; man kann's jedenfalls übertreiben damit ...

ja hörst du denn sowas?! wie son Alter Schweinskerl mit einem redet hier! aber das hört ich schon öfter über die insassen des heims/Altstation für Männer an der Herrmannstraße/*männerort* ...

gnies im kopp – gries im topp: sollst sie mal sehen da!

... und die Person? ich meine die dame-femina die den köter schließlich mitnahm? ich hör nämlich, sie hätt ihn doch mitgenommen?

die Junge Frau mit dem Kind lachte.

warum?

– *schon möglich,* sagte sie

– *was ist möglich?*

– *der Alte Herr meinte eben, die Dame sei keine Dame gewesen . . .*

so? frag ich mich: ist er wohl mal gut bedient worden bei der? . . . als hätt ich das nicht gleich gewußt: wie die erst die wurst vom brot nimmt, den hund damit zu locken, die art . . . und dann in das aufgeklappte brötchen spuckt – nämlich: daß der köter das dann frißt von ihr (lecken soll und fressen . . .)

+ + + liebeslecker/-sklaven

und sie? eine L'Adora da Mors: die auf der *Faulen Lotta* liegen und am bauch gepinselt kriegen . . .

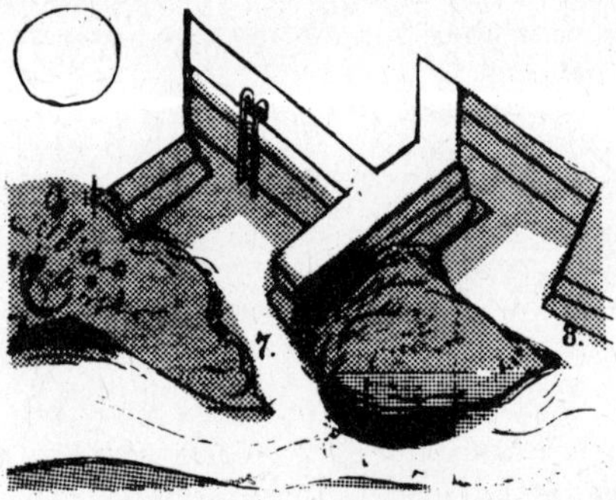

AUF DEM STADEN

die Düne runter ging ich, dies sandweiß und -schwarze Wadi entlang: STRANDWEG AM STADEN zwischen geteerten lattenzäunen und büschen die hier gedeihen – ich weiß nicht, was sind das überhaupt für büsche? mit im sommer so pfennigharten/-oxydglänzenden blättern – fast grün, fast schwarz jetzt im licht

STRANDDORN?

da ist auch überall und klappert wer

– hör ich: geschirr/töpfe . . . wäscht auf Mut-

ter Zillich. aber kaum
zu sehen, wer . . .
überall im licht
jetzt kurz nach
mittag: wer da
vielleicht im au-
genblick sitzt
hinter seiner
laube
LAUBENPIEPER
nur so im hemd und ho-
se, ich schätze es ist der
Olle Paproth und döst da.
Strandmollen*paradies*
und schließlich vom wind/vom
strand her die brise – bringt
was von dem geruch mit in
die stickige stille hier: von
brack . . .

und endlich auch der ei-
senpfahl hier eingegraben:
ENDE DES STRANDWE-
GES/links die badekabi-
nen, sind kinder: lau-
fen . . . und hör: streit'
sich nu gleich Otze wie-
der mit Marga Fölsch – um
irgendwelche Bilder aus Paproths kloschrank
(geklaut)

– *und du haust ab, Stinkermichel!* sagt Marga grad zu dem klein' Michi Prenzlaff – und wegen Otze aber (denn der ist eine echte bedrohung): *komm, Muschi! zeig s'ihm nich!*

– *als wenn die das was angeht, Marga Fölsch! Alte Zicke!*

– *zeig s'ihm nich, Muschi: er will sie bloß haben, komm!*

– *was für bilder eigentlich?* fragt Stinkus da

– *weiß nicht,* sagt Otze bös: *will sie janich zeigen – we'n der Zicke Fölsch/der . . .*

(dann mach doch noch mal wie du vorhin: dreh ihrn arm um!)

. . . . . .

irgendwas ist jedenfalls wieder los

– *Lothar?! was geht da vor?*

– *ich glaub/weiß auch nich: nix,* sagt Lothar: *bloß die streiten sich, Marga und Otze.*

(sieh also lieber mal nach/besser; auch was unsere großen mädchen machen da hinten vielleicht an den kabinen . . .)

. . . erhob sich/ging, verließ die kleine mulde (am strand), Fräulein Pröhl; *Collega ref.* übrigens hier bei uns an der Britzer Schule, Süßes Gespenst . . .

. . . Doofe Nuß – mit ihrer extra hose fürn strand. soll schick sein, strandmodern: unten weit. und gestreift so weiß/blau/beige; und diese doofe blümchenbluse erst!

– *los hopp! macht mal! steht hier nicht so rum andauernd – hier/ihr, du Lothar – und ihr: Walter! Otze! bewegt euch mal, erschließt euch euern raum!*

und ha! wieder so ein köter/biest! saust da direkt . . . (hab ich mich erschrocken jetzt!) das ist hier inzwischen eine eigene rasse: Streuner/Zigeuner – mit eigenen anschauungen/merkmalen von *art behavior;* und – sagt man: als der Rat der Stadt Kalun seine ziegen noch hat grasen lassen hier auf der Düne AM STADEN (früher), sollen die hunde es verstanden haben, diese (die ziegen) heimlich zu melken.

und wieder! und noch einer! die werden allerdings, nachdem das land jetzt aufgeschlossen ist, man es parzelliert hat zum teil – und die leute mit ihren laubenhäuschen hier rausziehen mehr und mehr: so langsam wieder abgedrängt/zurück (zurück in die stadt).

das Fräulein/die Pröhl

und Bruto Wolters sagt, der zeigt er noch mal

– *noch mal hier! daß sie mal sieht: pä!*

bruto (brutas/brutat) – er/sie/es wendet gewalt an
brutex – einer der gewalt anwendet/läßt walten . . .

. . . und außerdem (sagt er) wenn du mal hinsiehst da merkst du, hat sie vorne 'n platten, unser Fräulein: trotz der feinen bluse!

– *wieso?*

– *wie ich dir sage – so: flatsch!*

dagegen sind die Hinz und ist die Ingeborg Peter schon die reinste Dusa, wenn du weißt . . . ich meine: die sind doch ganz hübsch

– *und der Marion Föckler ihre große Schwester (ja die!),* sagt Marga, hätt ihr Oller von der mal gesagt: hätt vorteile die Lisa

– *was meint er mit 'vorteile'?*

was rechts am fleck (*dickes*)

und Otze? hat einen stein genommen, den will er jetzt – und wirft ihn raus aufs wasser

. . . da kriegt der wind den stein zu fassen – weil, er macht einen bogen irgendwie – vom wind richtig: der stein und: *plopp*

– *ach scheißkram alles* sagt Otze; er hätt auch sand im ohr. *ich auch!* sagt Stinkus da gleich; aber Otze will das nicht wissen offenbar:

– *hau ab – du, Stinkerbacke!*

na, jedenfalls

jedenfalls ist die Marga Fölsch ne Absolute Sau. gestern am *Alten Mann*/am Tempel (weißt: wo wir oftmal) und was sie sich da wieder ausgemacht hat mit Marion zusammen – ne sache: *bock bock bock, was soll derjenige tun* . . . aber Stinkus ist ja nicht blöd, denkt er – als plötzlich Otze/*mensch!* hab ich mich erschrocken:

– *Stinker, ich sag doch: du sollst verschwinden!*

*

BILDER? woher?

– *geklaut angeblich. ausm Oll Paproth seiner Klokiste.*

und Stinkus?

war vorhin/eben noch bei den mädchen, sich da einschmusen: Arschbacke. Pflaumenaugust/so einer . . .

*

. . . es ist nämlich jemand da, der fragt: ist Michel Prenzlaff bei euch in der klasse?

der Prenzlaff?

stand doch hier rum die ganze zeit vorhin in seim dunkeln anzug.

– *Prenzlaff soll kommen! ein Mann ist da* . . .

ein Frollein Lehrerin kam auch, fragte . . .

. . . sagte er sei der Onkel des Kleinen Michi

– *und ist er nicht? lauft mal, du Eugen und ihr: er soll sich fertigmachen für nach haus. los jetzt!*

soll kommen! Prenzi/Stinkus! ist nicht da . . .

los! über den sand spritzten jetzt barfüße 2/4/6 – und nun auch noch Lothar hinterher, der dicke Lothar

am wasser sind welche? aber im licht

jetzt nicht genau zu erkennen, wer. *habt ihr den Prenzlaff?*

. . . soll kommen.

oder am boot vielleicht?

– *auch nicht.*

draußen geht ein Lauenburger vorbei – im augenblick aber nicht zu erkennen, welcher/in dem licht jetzt . . . Seydlitz oder – hoher schornstein, also Fördelinie. (bei der war Lothars Großopa Kapitän)

also am boot war Stinkus Prenzlaff nicht. da sitzen Proto Wolters und Eule und Inge Pentz und

– *habt ihr Prenzlaff gesehn?* soll kommen

und weiter, die barfüße: stratzapp zapp zapp . . .

am wasser sind welche. von uns?

STINKUS?

Inge Pentz sagt: *mit sand geworfen . . .*

– *wer? der Wolters auch dabei?*

ich war's nicht – sagte Herbert gleich (Eule/Judas) also du bist gar nicht gefragt

– *wo ist Wolters?*

da. mit dem typischen rundschädel. der ur/urKaluni dessen bosköppe hier die lokale gräber-fundgeschichte rauf und runter sämtliche lagen füllt. immer gleich rund und: *bolzenkopp.* und dieser Wolters ist genau der typ: schlaghart/marke HAMMERFEST. dabei klein: der kommende Europameister in irgendwas Welter-/Bantamgewicht. seine mitschüler nennen ihn Saurus. oder Bruto

*Bronto*bruto/*Welter*wolters

seine rechte kommt schnell wie der blitzauf aus dem heiteren: du denkst, dich tritt ein pferd oder so . . .

und im licht jetzt kam er langsam, kaute wieder auf was herum

– *spuck das aus!*

Bronto der Klassensaurus; sie haben als kinder noch das Absolute Gehör dafür wie einer wohl heißen müßte. dabei schlägt er selbst schon seit langem nicht mehr zu, läßt andere für sich tun; steht dann bloß so dabei, kaut auf einem halm, boxt sich in die handfläche links, sieht niemanden an – und die puppen tanzen doch!

– *spuck das aus! sag ich*

– *es ist ja nur im scherz gewesen,* fängt er gleich an: *bestimmt, Frau Pröhl . . .*

ach – du Goldherzig, du!

– *na das werden wir ja sehen. wo ist Michel inzwischen?*

– *nach hause,* sagt er: *weil jemand gestorben ist, sein Opa . . . ist er schon weg heut.*

. . . hatte er auch seinen anzug an, deshalb ja. aber der Wolters hat ihm *ein bein gehakt, wohl gesehen hab ich das! und Herbert war dabei,* sagt Inge Pentz.

und sie haben ihm sand in die schuhe – und die socken voll und in die taschen: überall.

– *und den kopf dann fest und feste ins gesicht*

– *das trägt unverkennbar deine handschrift, Wolters . . .*

aber der Wolters grinst doch bloß sein fischmaul: *die soll mich mal jucken.* und die auch: Inge Pentz: PETZE A1

und warum fischmaul? weil er so komische zähne hat vorne.

. . . und sand ihm in die augen, dem kleinen Michi Prenzlaff. und sie haben gesagt: *wir taufen dich mit erde und mit dreck auf den Namen: Pflaumenaugust . . .*

*

un' nu?

und nun da drüben – am eh'maligen Munitionshafen: das Bollwerk. und dahinter das gelände, das ist genannt Am Alten Mann. niemand weiß genau, warum.

rechts daneben jetzt kaum zu sehen allerdings: die reihe speicher am Dove Kanal.

die dicken schornsteine: das ist die alte Soda/KALUN

und hier wieder der lattenzaun, holz – schwarz bis hin nach silbrig; ein paar holunderbüsche seh ich auch . . .

hier war die welt noch rund. ohne ein besonderes wort fielen *'früher'* und *'später'* zusammen in einer ebene (in einen kreis?) und verdeckten einander nicht. . . *die welt noch rund, die zeit homogen:* ein ganzes, und es gab nicht 'sowas': Erinnerung.

alles war Jetzt: flach wie die oblaten in Marion Föcklers tauschheften . . .

bis an einem vormittag etwas daraus verloren ging. *wo?*

als wir danach suchten, war es aber fort

– also issis weg?!

und der schöne kreis hatte ein loch.

so wurde alles verdorben.

und wir mußten immerfort daran denken. anders gesprochen: dieser Verlust von Irgendwas durchlöcherte das (natürlich nur scheinbar) ebene/zweidimensionale weltbild (ohne zeit) brachte die dinge in bewegung – besser: der verlust setzte die markierung, durch deren zurückbleiben wir der bewegung gewahr wurden . . .

und diese *Bilder am Grunde* sind aber auch durch vieler gedanken hände gegangen. man sieht's: abgegriffen; nach geschmack, aber auch mit leidenschaft verfälscht (als sähe ich zum beispiel Bruto Wolter nur mit ausgestochenen augen . . .)

und immer wieder dich, sehe ich:

Marion Föckler. dich an dem hydranten oben, der zapfsäule am pumpenhaus. und dann die gestreifte hose des Wärters, der immer auf und ab ging vor dem stoß bauholz in den wir uns geflüchtet hatten: wir waren gefangen!

doch einer verstand es schließlich den Wärter abzulenken: *los!*

... nur mich – erwischten sie natürlich, weil ich hängenblieb und fiel

– Stinkus natürlich – wen denn sonst! und hat dann alles nachgesagt, *wer* und *was* ...

... und brachte die 'dinge' damit

zahl/festmarke

also in bewegung (endgültig); etwas blieb zurück, wir fingen an zu zählen:

'1'2'3
ihr schätzchen rasch herbei! hier
ist ein großes loch zu stopfen ...*)
der regen fällt
das brünnlein quellt
Maßliebchen mit dem eimer sitzt und
zählt und zählt und zählt die tropfen ...

*)*wo's sich verkrümelt*

woran denkst du wenn du hörst: *... ein loch zu stopfen?* an unser Quellwunder hier?

das brünnlein quellt – da muß man trinken?

hältst du es indes für sehr sinnvoll wie Maßliebchen verfährt in unserm beispiel: *... und zählt und zählt ...?*

wie würdest du vorgehen, überlege ...

VON ALLERLEI MASS

§1 Vom Kleinen Prinzen

... und zählt und zählt – bis er's vergaß. da hat er einen traum. von einem baum (zunächst) sodann von vielen: von lauter bäumen!

§2 Wir Fassen Zusammen

Physik und Metaphysik – hieß dieser traum, oder: *Von Zweierlei Maß;* es ging darin um gleichzeitigkeit und überlagerungen *(plans superposés)*

um geschichte und geschiebe ...

Marion Meinschatz kam darin vor – und lauter bäume, das ist der hintergrund: die sind *Der Wald.*

eins im andern

richtig. Prinzeßchen und der Wald; erzähle!

Prinzeßchen kam mir entgegen, war nackt; da hab ich gleich gesehen – ja wirklich, muß ich sagen: *Marion-mein-Schatz, du bist schlanker geworden! zeig dich mal?!* tatsächlich – ja; nur noch ein paar winzige kräuselchen am bauch – *kille kieks!* machen die/heißt: mache ich

... als ich/als er ihr da reinstippst und piekst mi'n finger nämlich ...

§3 Formen der Anschauung

Marion mein Schatz also – und was dahinter steht, das ist der Wald – ist, was ich brauche (um zu leben) ist mein kinderschlaf . . .

– ist zweierlei maß: *natur und . . .?*
– weiß nicht? vielleicht: *geschichte?*
ist zweierlei maß: *traum und . . .?*
– *welt;* wie tag und nacht an einem baum: an den wurzeln zieht es wie der traum. wie der saft zieht es nach oben: erinnerung.

baum der erkenntnis

gelangt es schließlich bis in die letzten spitzen, da treibt es dann *die blüten*

§4 vom Maß zum Übermaß und zur Masse

HÖRT NUN FOLGENDE GESCHICHTE

es saß der Guggu unser Kleiner Liebling, eines tages in der haustür auf der schwelle und hatte sein schüsselchen mit milch und weckbrocken neben sich und aß. da kam eine unke gekrochen und senkte ihr köpfchen in die schüssel und aß mit. am andern tag kam sie wieder und so eine zeitlang jeden tag. das Kind ließ sich das gefallen. wie es aber sah daß die unke immer fort bloß die milch trank und die brocken liegen ließ, nahm es sein löffelchen, schlug ihr ein bißchen auf den kopf und sagte: *ding, iß auch brocken!*

das Kind war seit der zeit schön und groß geworden, seine Mutter aber stand gerade hinter ihm und sah die unke. da lief sie herbei und schlug sie tot. dann nahm sie ihr Kind (den Guggu) aber hoch, ihr Kleines Prinzchen auf den arm, herzte es, nahm noch das leere schüsselchen mit ins haus und sperrte die türe.

als sie den Kleinen Kerl auf sein töpfchen setzte sprach sie zu ihm: nun zeig, wie brav du machen kannst – wie schön; die Mammi muß derweil auch noch schaffen, kommt aber bald . . .

und ging. aber kaum daß die Mutter fort war fing der Kleine Fatzke an giftig zu fluchen und fluchte gewaltig: *wart's ab ihr! eines tages bin ich so weit, bin ich Der Mann: da scheiß ich euch noch alle unter einen großen haufen . . .*

MERKE: unter einen großen haufen!

die törtchenidee

so ungefähr. saß, ein zartes Knäblein, doch schon wie ein Held so stramm/ frischgebacken und los! auf seinem thrönchen da, seinem führersitz, dem fürbringerstühlchen a.a.O. – sann und spann: wie denn wohl umzusetzen sei ein solcher vorsatz, ein solcher gedanke in die tat; überlegte also wie der seiner umwelt dereinst zugedachte artikel in den dazu wohl erforderlichen mengen hervorgebracht werden könnte . . .

planung

klein bei klein bei klein

stetigkeit

am besten vielleicht man schisse – den schwund an masse möglichst niedrig zu halten – jetztan (gleich!) und stets in kleine gemäße, davon haben wir ja z. b. feste plastiktüten überall in hülle und fülle jetzt . . . oder diese art ölpapiertörtchen. erkleckliches ließe sich auf diese weise gewiß zusammenackern . . .

à peu (zuwachs)

MERKE: Kluges Haus baut vor!

erwog schließlich und zusätzlich noch eine besondere speise für sein vorhaben – ähnlich jenem süßen märchenbrei, der nimmer aufhörn mocht zu kochen: *als wollt's die ganze welt sattmachen . . .* das wär genau das richtige, diese art götterspeise!

mittel & wege

idee und masse
grenzen des machbaren/oder:

KRITISCHE MASSE STOPPT FELDZUG!

erhebt sich sogleich die frage: was macht einer aber wenn er feststellen muß, daß er seiner sache mit den ihm zur hand stehenden mitteln unmöglich beizukommen vermag, ja – ausgeschlossen!?

krisis

in unserm fall? wird mit einer krise zu rechnen sein – spätestens wenn unser Pöks sich sagen muß daß es einen punkt gibt, eine schwelle, mit derenüberschreiten der schwund an masse zwangsläufig ein ausmaß erreicht, gegen das der Kleine mit den ihm zu gebote stehenden kräften einfach machtlos ist: es verkrümelt sich da mehr als ein Mann scheißen kann.

die grenze
(stagnation)

die zeit zu überwinden indes ist sache
der seligen götter/ihnen allein ist die
kraft gewachsen, ein apparat/so ein-
fach mal alles zuzubatzen;/ uns hin-
gegen ist es im spülicht zu baden/

. . . ist es zu fallen von stufe/zu stufe
hinab, klipp klapp/kloarks . . .

TAGEBUCH
(zum babylonischen turmbau)

's platzt nur alles weg
/nur so weg jetzt alles . . .

drei stockwerke sind geschafft, das vierte angefangen – angefangen: mit dem vorsatz, endlich eine 'form einzugehen'/verbindlich . . .

und zu konzentrieren vor allem

aber die süchtige suche nach den immer neuen möglichkeiten/systemen – streut alles nur noch weiter aus: die sache wächst fort und fort. und ich weiß doch sie wächst sich krank so langsam.

indes: jeder morgen bringt das alte fieber neu – nur immer noch zugespitzter; und irgendwo landet's für gewöhnlich: ferner denn je vom piloton, der anvisierten landmarke

dreh ich also einen neuen zwirn/dreh

dreh ich aber, weiß ich schon: ist wieder nur ein schritt getan – zu auf die *göttl. Mannigfalt,* Weggenossin/Mutter der *Phantasie*

– o ihr Täubchen! ihr bringt einen Mann noch um hier! ich sag's euch, mit eurem . . .

(muß indes wohl mit euch tun und leben/heißt: ich will ja wohl auch noch immer; denn schau, was hab ich heut wohl wieder vom zaun gebrochen?)

stagnation

und sehe doch nur: die zahl der einzelnen akte wächst (und wächst). nicht aber wächst das volumen mehr

*

und es gibt nun mal nicht den einen dreh, die sache hinzubiegen. das ist längst erkannt.

die Mannigfalt ist aber grad der grund dafür daß tage wie der heutige so völlig im luftleeren enden, in totaler 'unordnung': *kein fester punkt,* kein halt irgendwo.

es scheint in solchen augenblicken, sieht dann so aus als sei in den vergangenen monaten überhaupt nichts brauchbares, (geschweige denn: *von belang*) dabeigewesen, nichts von dauer . . .

nun zur sache.

von nachteil ist noch immer die ganz und gar mangelhafte verpackung. da muß ich nun wirklich mal rangehen! so bitter das ist: der ganze kuchen muß noch einmal angeschnitten, rücklings abgefüllt werden und portiönchen à portiönchendann gefressen . . . und zwar von rückwärts: von hinten nach vorn und nach plänen, wie überall angegeben

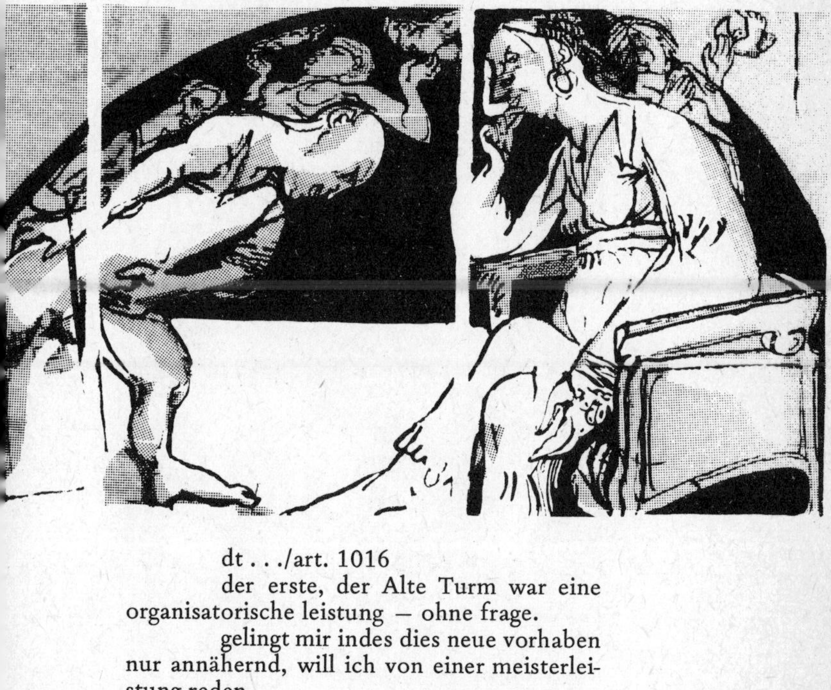

dt . . ./art. 1016

der erste, der Alte Turm war eine organisatorische leistung – ohne frage.

gelingt mir indes dies neue vorhaben nur annähernd, will ich von einer meisterleistung reden.

. . . sonst nichts neues; *täglich brot;* gegen 20 uhr stets das *spasma*/totenstarre ENDE der agonie im totalen zusammenbruch; aber irgendwas in mir scheint ungemein strapazierfähig . . .

morgens/erster gedanke: kotz

wenig später: *denkend grünet hoff-*

nung (es müßte doch möglich sein zum beispiel . . .)

. . . und dann begeisterung: *hoch! höher!* bis an die sterne, o!

der absturz schließlich braucht so seine sechs bis acht stunden dann . . . *(s.o./ spasma)*

so geht das. und dann immer kein ergebnis, nichts was sich als irgendwie tragfähig erweist.

dt . . ./art. 3662

und plötzlich bin ich nicht einmal mehr Herr im Eigenen Haus!

es gebiert der *unterbau* des ganzen jetzt jene kreaturen, deren existenz ich noch bis vor kurzem hätte leugnen mögen: als längst überwunden, abgetan als ausgeburten

der langeweile und einer kranken phantasie, angehöriger einer vergessenen, da längst vergangenen schreckenszeit.

stattdessen find ich sie munter! sie scheinen gar mut zu fassen?! lebendiger denn je sind diese asseln überdies ausgestattet mit allerlei neuer ideologie, neuen tricks . . .

mächte streben da herauf, unkontrollierbare kräfte – ganz unverhofft, und drohen unverhohlen: mir und denen da oben

– aber nicht nur ein bißchen, vielmehr ganz gehörig! – die bleche zu verkratzen ... ich kenne sie wohl, es sind dies die 'bandagierten' meiner zeit als Schüler (Puberto); jetzt aber ganz unbandagiert, vielmehr ziemlich frei sozusagen! es kommt zu ausschreitungen, man schreit ...

da heißt ein starker wille plötzlich *terror,* unterdrückung – ich frag mich, *wessen?*

... ...

dt .../art. 3663

22 uhr – und durch!

durch! durch! und, hab ich das gefühl: war also (und wenn mich nicht doch der teufel reitet!) eben zeuge, wie die steinchen zusammenrasselten. nach ungefähr – na, fünf/sechs stunden planungssitzung

... zusammenklickerten zu einem bild, das als ganzes jetzt in umrissen aufgetaucht ist: das Eiland des Letzten Endes ... *weyrauch und wurz/schlaf, mein Paradyseus, schlaf ...*

und ein satz wie dieser: *ich kann was ich will.* und es sieht so aus, wie wenn ich damit auch am ende bin

absatz/(licht einmal aus und wieder an)

... *kann was ich will?* na was will ich denn? ich will raus, heißt: ich muß – mag aber nicht gehen jetzt

absatz (wieder licht aus/an – und

nach draußen aufs klo)

. . . *kann was ich will!* ja einmal kräftig abblasen/*pschlop* . . . und wieder weiter/ heißt: siehst du, die gedanken haben mir in der blase gesessen, die ist jetzt leer

. . . und letztes/manieriertes sich ergehen in bloßen vokabeln – wie *sternstunde. disziplinarverfahren* . . . (ja wart's nur ab, ihr . . .)

*

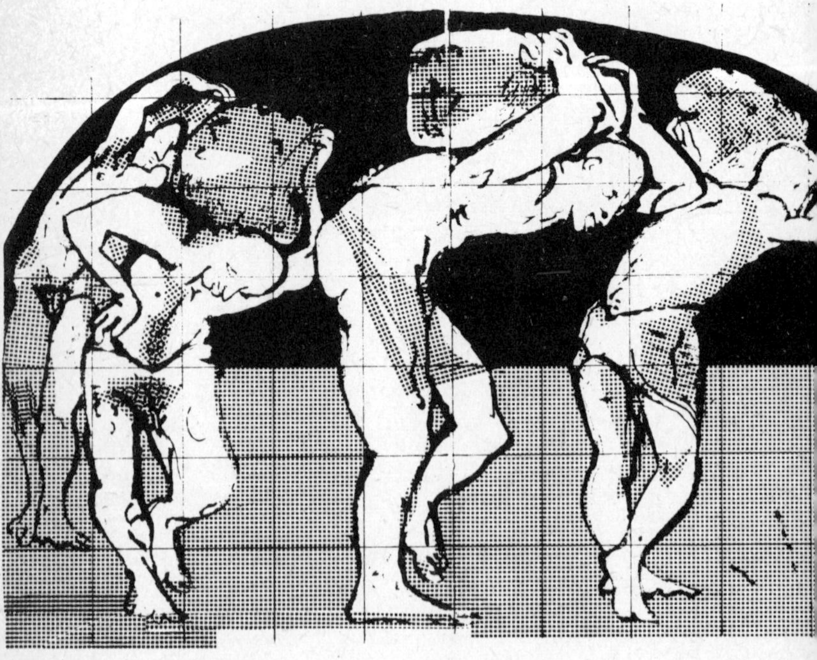

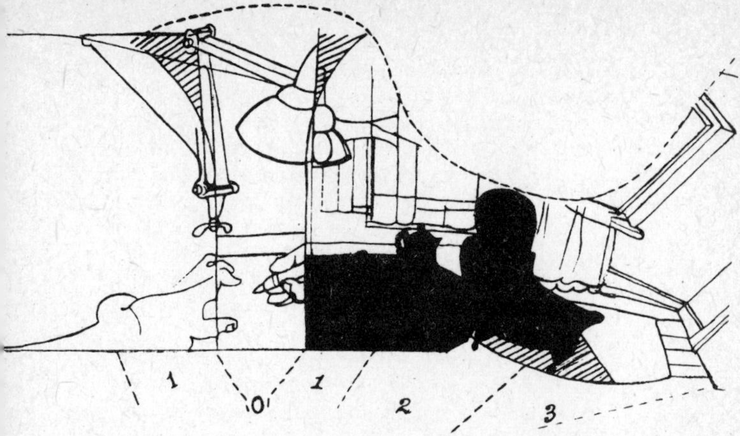

EIN NEUER RAUM – ist angestrebt: der betretbare raum. den man abschreiten muß. der sich einem erschließt erst in der bewegung

der raum – zu denken als etwas veränderliches, vorzustellen als etwas in seinem erscheinungsbild vom jeweiligen standort des betrachters abhängiges; als fließende ordnung

und erst indem wir uns bewegen, den standpunkt wechseln, verwirklichen wir diesen Neuen Raum als was er ist: ein subjektbezogenes veränderbares.

die wechselwirkung *subjekt – objekt* ist somit ein entscheidender bestandteil der gesamtanlage – ja, und wir? sind also mit einbezogen, teil dieser innenwelt, selbst veränderlich . . .

das ist die idee: keine frontalität, keine fassade mehr durch die man eintritt den blick nach vorn . . .

nach außen eine gleichmäßig gewölbte fläche bloß – ist dieser berg innen hohl; wie ich schon sagte: von innen sieht die sache anders aus da wechseln formen und ansichten alles ist bewegung, wir machen die runde . . . und mit jedem schritt verändern wir/bilden wir die züge des uns umgebenden raumes um . . . gestalten/umgestalten – sichtbar: lesen wir die 'züge' unseres tuns doch unmittelbar ab an den veränderten zügen/ wechselnden bezügen in der uns umgebenden welt; das kann sein ein steigen und fallen – wie dereinst in Vaters Mühle – – – wie in einer Retorte verändern wir und werden wir verändert: wir – als träger 'unserer' ansichten, eben . . .

Retorte – ja, käme einer je lebend da heraus – so geht die annahme: könnt er einen linken handschuh ohne weiteres auf die rechte hand ziehen – und er paßt! *)

---

*) und da hat das traumhaus plötzlich etwas angenommen – von einer gruft, meine ich. und ist wohl in der tat seiner anlage nach ein ort 'sprünge zu machen'/oder: sich davonzustehlen; und das ist möglicherweise das geheimnis der inschrift über dem eingang zum *Alten Mann*

LASZIATE OGNI SPERANZA VOI CH'ENTRATE

ab durch die mitte . . .

huckepack (ein raumbuckel: was jeder mit sich herumträgt)

als mobiler raum ist diese *stätte* allerdings/ja natürlich nicht ortsgebunden und leicht zu verlagern.

so ist mir zum beispiel das untere stück der Leitzmannstraße, das breitere ende mit den hohen bäumen eine zeitlang als ein solcher raumschwerpunkt erschienen. aber nichts ereignete sich – nichts, was den von mir gegenüber dieser ecke (als 'irgendwie besonderer' schauplatz) gehegten erwartungen entsprochen hätte;

heißt: nun neulich – da war dieser

eindruck schon fast verflogen

NUN NEULICH . . .

na'j – denk ich noch bei mir: irgendwo kennst du die Kleine?/und – sagt sie schon, ja – ausm COMETEN CLUB und fängt an: *wo/wann* alles und *wer* dabeiwar, da wußt ich natürlich längst wieder – aber laß sie reden denk ich, wenn's ihr spaß macht . . .

und mach schließlich so als ob's dämmert bei mir:

– *die Kleine Wilma! nein!* sag ich: *hat sich aber rausgemacht!*

– *ja fett geworden,* sagt sie da

also Wilma. wir sehen uns dann noch öfter in der alten gegend – weil, sie hat noch ihren arzt da, sagt sie.

und erzählt mir dann immer rasch ein bißchen was vom neuesten, auch ihren ganz persönlichen quatschkram: *so und so;* wenn sie mal meint sie bräucht 'n Kerl und wie sie das anfängt – *t'tt!* und so . . . und ich denk jedesmal bloß: son Kindchen – wird fett und mal zu mal fetter

als sie sagt daß der Mingel endlich auch raus ist bei seiner Ollen Bumslada: rausgeflogen – sagt Wilma und fummelt sich, während sie mir das nun haarklein erzählt, auf ihre ja immer so bißchen piepige art dauernd im gesicht herum. als sie plötzlich damit rausrutscht, Ille Kondrawitz hätt übrigens auch öfter schon nach mir gefragt. grad jetzt wieder.

– *so?* sag ich ... und denk: Kindchen, was du mir da sagst, auf was für eine idee du mich da bringst überhaupt ...

... und ein trat/die das All umreißende/die lustig rasende, göttliche Phantasie: Leninburger Platz/Leitzmannstraße die ecke – noch immer der imbiß: LINSENTELLER *mit einlage 30pf;* daneben die tankstelle, das haus/besser: die ruine in der Ille gewohnt hat – noch wohnt (sagt Wilma, und hoff ich doch!) zusammen mit ihrer Freundin Jo und dem alten Klages im hinterzimmer.

die oberen stockwerke sind ausgebrannt bei der bombardierung damals. ein provisorisches dach aus holz und teerpappe war nie recht dicht: spannte Ille wenn's durchleckte einfach den regenschirm auf im bett: *komm in meine liebeslaube ...*

... küß mich tausend mal

*

damals/steckrübenzeit.

auf dem gelände hinterm bahndamm, kannst dich erinnern? wohnten wir erst in einer dieser baracken da. und das stank! nach küche überall, nach windeln, nach wäsche ... war ja bloß ein einziger raum das ganze für mehrere familien – abgeteilt nur durch so vorlaken und ausgespannte wolldecken zum teil.

Illes Alter brachte immer was mit abends wenn er kam. mal ne buddel schnaps mal fischöl, dann gab's abends bratkartoffeln für die nächste zeit. das roch/kroch dann jedem da in die nase – so wie wohl jeder auch gehört haben wird wenn Ille von ihrem Alten 'ne tracht kriegte: das allabendliche arschvoll. Ille zeigt uns mal die striemen: *Ille Pille Hankenpanken/hoserunter – zeig dein' blanken: zwomal backe = arsch*

später dann das schlimme lied SCHLOSSERSTRASSE № 1: *um die ecke kommt ein Mann . . .*

№ 2: *geht vorbei*

№ 3: *bleibt er stehn*

№ 4: *vor deiner tür – willst mal sehn?*

ich glaub: da sitz ich noch und döse vor mich hin – was von einem höckerigen Alten der haust in einem kleinen drecksloch von zimmer irgendwo nähe Reichsbahnhof; hört ich: Schlosserstraße

– *also die andere seite vom bahnhof?*

– *ja,* sagt er: *'n stück längs – und gleich da.*

und zeigt er uns dann: mit überall pappe vor den fenstern damals/parterre links

wir besuchten ihn dann; und bald öfter weil wir doch sonst nix hatten zum pennen.

Ille war noch nicht 14 damals, aber hatte es endlich satt: jeden abend mitten lederriem von ihrm Alten Arsch, dem . . . kamen wir also hierher, was? ein Paradies – gegen zu haus! und saß dann der Olle Knusterbock (Klages) aufm stuhl und las in der zeitung – als säh er nicht! als sieht er nicht was los ist mit Ille und ihrm Kleinen Freund auf seiner muffeligen matratze.

oder auf dem gelände WEBER'S PARK:

wart auf dich heut abend 6 uhr am klein schifferhäuschen (ruine Alter Mann)/ wenn du kannst, bring paar bilder mit.

kuß Lo·)

kannst dich erinnern?

später kamen da dann auch die kerle rüber aus dem munitionslager, die arbeiter und so. natürlich, die suchten sich da was Nettes und schleppten uns dann auch mal mit rum schon, in die billigen Dielen damals

am *Süderring* zuerst, dann weiter . . .

(tags darauf lagen am *Alten Mann* dann überall die zigarettenkippen. und nicht selten auch mal son gummiding. sagte Berni

·) wer war das?

gleich, der das wußte: das ist'n schutz ...
wieso?
wieso – daß die die einladen zum tanzen, ist doch klar: dafür sagen die, müssen die auch mal schön hinhalten!
wofür hinhalten? wer?)

*

–11–
ILLE/Pu
pille

– *kommen Sie rein,* sagte Jo, Ille sei zwar noch im bad grad ... *und so ist das dann mit Ille, sehen Sie: liegt ihr ganzer mist erstmal verstreut überall in der wohnung ...*

Ille/alte Küste

– *nicht schimpfen jetzt!*

und der alte Klages? fragte ich; hatt ich doch gleich gekiekt und wahrgenommen den trauten schimmer an der gelben fensterpappe hinten im flur; dann hört ich aber daß der Alte seinen sorgeanspruch genommen hätte und sei damit ins heim
– *und die wohnung nun?*
– *der olle schuppen: ist doch die aufgelaufene miete nicht wert,* meinte Jo
... aber schon im treppenflur hatte ich gedacht: ob heut noch irgendwas sein könnte mit Ille und mir? (das licht hatte gleich so nervös getickt da hinter der lattentür zum keller, also ...) und ist es nun oder träum ich: Ille!/die Vitalnummer ...
– *hast dich wenig verändert, muß ich sagen.*
Jo war dann gleich verschwunden
– *komm, was möcht'st du trinken?*

der abend fällt
das brünnlein quellt . . .

– hat die kleine Wilma wohl den gruß bestellt von mir? sie sagte mal daß sie dich trifft gelegentlich . . .

– ja, hat sie . . .

– und ich sag noch zu Jo neulich – wegen früher, wir sprechen letzter zeit häufig davon, von damals: es wird schon seine gründe haben sich dahin zurück zu wünschen manchmal – wohl um dort anzufangen wo alles noch hätt anders, besser werden können . . .

(eine ansicht der vergangenheit, und eine überlegung die letztlich dazu führte, daß ich Illes 'titi'/*natura femina* nach mehr als zweijähriger pause nun ganz plötzlich und unbeschwert noch einmal wieder genießen konnte . . . jeu, dacht ich: wie geht das eigentlich so einzig prima mit mir und Ille Kondrawitz?!)

und fällt das röckchen
schwillt das stöckchen
macht das böckchen . .?

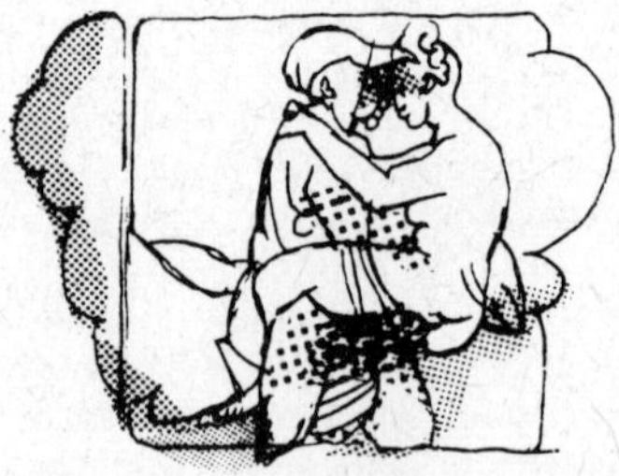

buff!

ALTE KÜSTEN – NEU UMSEGELT

und da war es also wieder! wie eh! als ich Ille den noch immer bißchen schlapsig sitzenden schlüpfer auszog: da war es wieder!

wie früher . . . daß ich ihr gleich darauf zwischen strümpfen und bändern hindurch (bequem sitzend) und am bogen ihres glatten *bel elastic* entlang fiedelnd (ganz locker) das loch vermaß . . .

. . . und es stellt sich heraus daß sich die stelle (na wenn!) vom allermöglichen anderweitg. gebrauch doch beträchtlich geweitet hatte: *ausgebufft* . . . aber – ach meine Kleine Ille, du! grad der offene so ganz weltweite gang ist ja so erregend, wenn man nichts oder (eben doch nur) fast nichts spürt

NATURE MORTE

da kann man denken/fühlen – *frei* (und *tief*)

ich schäle mich
ich schäle mich – das ist alles
und daß die enge wie schalen von mir fällt . . .
ich hebe mich auf – auch, ich weiß; aber es macht mir nichts *den* aufzuheben . . .

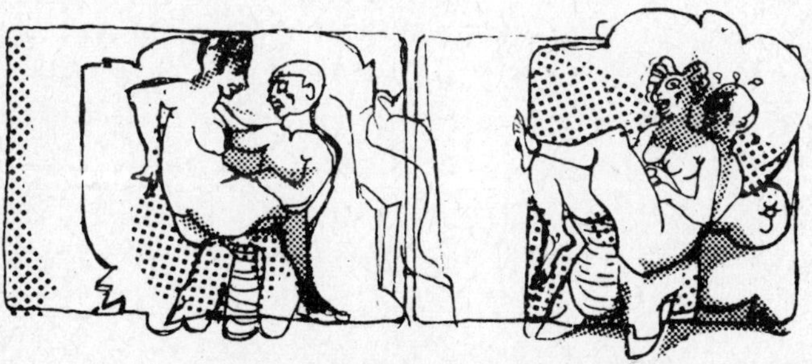

. . . bis er schließlich losläßt das ding daß es aufsetzt Berliner Reichsstraße auf die schienen der Linie 9: davonzustieben unter funkenkrachen . . .

welch geschoß!

schon dreißig, dreißig/vierzig meter fahrt und es löst sich . . . hebt ab . . . wie eine fliegende bombe von ihrer rampe . . . . in *poff! poff!*

einer schön geschwungenen kurve, hoch und höher

. . . um schließlich zu verglühen steil am himmel: *ah – o!* ein so weicher goldbrauner regen – ein symbol, ein deutliches mal – *o!* zeichen der kraft des einzelnen . . .

das war mein traum von je: auf einer solchen, auf dieser bahn zurück eines tages *puff! paff-prigong! prong! pf'ff! wunderbar!*

und siehe – da wollt ich nun auch gleich, ja ganz bestimmt: anfangen mit meiner geschichte hier; und wie Ille schon sagte: *wir sprechen letzter zeit viel davon, von früher . . .*

·1·2·3
ihr schätzchen kommt herbei
der regen fällt
das brünnlein quellt

da wollt ich schätzchen fischen

POT POURRI

wenn rings die nebel
fallen/
steigen
die alten stars
noch einmal hinab . . .

die alten stars, das ist gewesen damals die zeit, unsere *zeit 'unter tage';* und Berni natürlich dabei und Magda Rickoff, die *unter tage* beiden Schwestern Noll: Dolores und Lotti – und wir/heißt: du und die Kruppka, Titus und ich – kurz: unsere alte wassermannschaft

. . . noch einmal hinab
/hallo!

beim Stauffer ins *bain ouvert*/*COOL MIX* und diskutieren die zeichen der zeit, die neuen häuser hier am ort: das HONKY TONK am Plattenring/Kolbe Allee; und jetzt auch das neue DOPPELDECKER (vormals *Lünette*) am Berliner Bahnhof; und kamen schließlich zu sprechen auch auf die letzte PANORAMA SCHAU bei Kickie im Zeppelin

once in a vision: ein's schön' traumes
sah ich – schön obszön! – ihre flaumis
riesengroß im raume stehn . . .
. . . . *puust begÿnst michst du 'n myn druums, Minion?*
a/ba nana – ba'gass balluun!

– *die in der ersten reihe,* behauptete Berni gleich, sei Engländerin . . .

altes Schlitzohr

– *woher du wissen, Amigo?*

– *seh ich doch: hat sie* tea roses *auf ihrm pökerchen, oder was sonst, meinst du ist das? auf ihrm klein' fetten Birdsley da?*

daran muß ich jetzt denken. und an die *bel dames* im DAFFODIL – *uchnein!* die nette kameradschaft und den jux den wir dort zusammen hatten!

an Nini und Nan . . .

AN ALLE!

an den dicken Ramon unsern Tragöden:

es liebte Don Ramón
zeit lebens
CAMILLA das mädchen
doch ganz vergebens

. . . aber das sagt ich ihm – sagt ihm übrigens jeder: das muß er mal anders machen, bei Camilla?! da ist doch nix mit viel drumher und *huch!* und *darf ich, Gnädigste?*

AN ALLE!

an meine schulfreunde Titus und Fredi Bolsen. an Föckel und Walter Schulz. an Ille (genannt Titi) Kondrawitz; überhaupt und wie gesagt: an all die knaben und mädchen damals in unserer mannschaft – ein wort des dankes auch:

an euch

die ihr mal reingeschaut habt, die ihr mal dagewesen seid in der zeit. daß ich mir nicht so verlassen vorkam und am leibe nicht so nackt und klamm/am herzen . . .

dafür schließlich daß ihr mich so ohne weiteres wieder aufgenommen habt nachher in eure lustige gemeinschaft;

an Josy und die andern; da denk ich gleich an die alte wohnung in der Leitzmannstraße! und seh die bilder wieder vor mir: im hof das licht – blaß auf den fenstern gegenüber ... den papierenen himmel, das stück schräg über den dächern drüben auf der andern seite – und ich wundere mich ... wundere mich jetzt vor allem über die geräusche – so unscharf ... liegt es an den aufnahmen damals?

und leg also die alten platten noch einmal auf: BARBADOS – PALO ALTO die titel wie sie heißen: SCRAPPLE/Parker. Konitz – das sind genau die jahre damals im COMETEN: *jazz time*/zeit unter tage: im Alten Mann; wir ...

und sehe, entdecke ein leben da unten auf dem gang und in der ecke zum damenklo ... schon ein und anderes mir bekanntes gesicht (taucht auf)

das ist Berni Zigulla, stimmt's?

ja ich erinnere mich

an Berni und LADY BIRD

Bernis lieblingsplatte die er auflegte auch wenn ich bei ihm gepennt hatte weil's mal wieder spät geworden war im COMETEN.

und wenn wir aufwachten von einem solchen krakeel von den drei weibern nebenan

also, daß Berni da schließlich unter seiner wolldecke rauskam und an die tür – aufgerissen: *rabatz!* gebrüllt/irgendwas:

die fotzen halten gefälligst die schnauze so mitten in der nacht! ... da drüben

oder er ballerte einfach mit was gegen die tür nebenan; stand dann BERNI/SCHLATZ mit sack und flöte, kratzte sich im krausen gewolle und sagte:

– *Börni hat kopfweh, du auch?*

und dann die platte. LADY BIRD

Börni kroch wieder unter die decke dann, versteht sich: halb zwölf uhr mittag

... *mitten in der nacht,* sagte Berni.

*

Magda beschwerte sich: Berni sollte gehen und endlich die klobrille wieder dranmachen;

– *warum?*

– *daß ich (wenn ich da sitz, mein propoff machen) nicht immer so auf dem kalten dingsda/Porzellanheinrich sitzen muß. man holt sich was weg!*

und auch/und überhaupt: kommst du da runter und es sieht dich jemand – siehe: es hat der Stumme Heinrich dir einen roten ring aufgepaßt hinten!

– *ja,* sagte die dicke Wilma: *das stimmt.*

aber Berni ist zu faul, sagte er: was lauft ihr überhaupt so rum hier . . . *rennt da rum* (Magda) *und zeigt ihr rotes abzeichen jedermann!*

meinte Wilma da: *das ist doch die Rose im Paradies. die Erste Blume . . .*

paradiesrose

so? (da kuckste!)

Berni lachte: Magdas oller Scheißberni . . . und als er ihr dann noch ne freundliche hand machte unterm pöker – sagt sie:

– *du bist vielleicht ne Rübe?!*

und ist (Magda) dann gleich wieder ganz aus dem häuschen über ihn, warum?

– *weil er so ist, eben.*

wie er sie fragt: na, was meinst du wohl, krabbelt der kleinen Magda jetzt am po?

– *weiß nicht?* sagt sie: *hab ich vergessen? wer kommt in frage? vielleicht du? du mit deiner hand?*

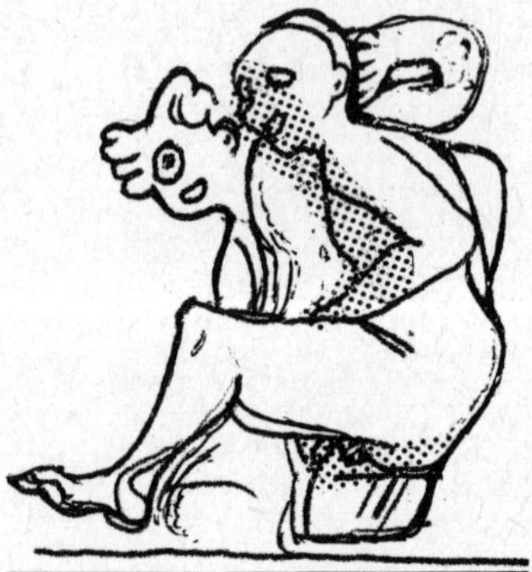

dann wieder Leitzmannstraße. meingott! dieser ägyptische stil aber auch! überall; selbst aufm klo alles wie in *Luksor* oder *Karnak*

IM ALTEN REICH

und dementsprechend verhielten wir uns auch, saßen oft schon ganz ähnlich wie diese ölgötzen da: ANUBIS/SETH & TETH und wie sie alle heißen; hockten wie diese fratzen auf der terrasse hinten zwischen den komischen obelisken überall . . .

und einer war da, das war ein ulkiger *Spitfire* aus Liverpool glaub ich, der hockte nur so die ganze zeit über auf dem kurzen sofa im flur, . . . sagten wir, das ist

unser Pagodenhund; bis irgendwann schiß der uns alles voll und wir mußten ihn abholen lassen.

andere kamen und schweinigelten sich so durch wie Berni zum beispiel, davon waren mehrere. wie Marlen Kruppka und Pißnelke – an die muß ich jetzt denken und an den Langen Alfons und an unsere besetzung der pavillons im Botanischen Garten:

AN ALLES!

an all das schöne/an all das schreckliche aber auch; reist ein Mädchen eines tages zum beispiel in die berge – ganz allein: sich zu stürzen, runter vom Hohen Oxen, das kenn ich zufällig: da ist der berg, das Iserbachtal und die steilwand an die hundert meter hoch. da knallt sie auf unten, direkt am weg. und als sie sie finden . . .

. . . wie blumenkohlauflauf soll das dann ausgesehen haben.

aus.

und wieder das licht im hof, immer dieselbe trübe szene: der streifen papierhimmel über den dächern gegenüber – so flach; und ich wundere mich wie gewöhnlich über das seltsame rauschen: sind das wir?

das sind wir. also. die jahre; und ich seh/entdecke ein leben da unten im COMETEN (auf dem gang rum zum damenklo), die gesichter . . .

ich erinnere mich.

. . . an Berni, an Magda: an euch. und an LADY BIRD natürlich.

*

und einer war da, der war *ein Spätes Licht.* den nannten sie den Professor: Knalltüte; *Knalltüte*

die alten blätter nämlich – ich hab da jetzt mal gehörig ausgemistet . . . und demnach lebte damals auch ein Philosoph, der Mensch mit den klassischen vorstellungen, genannt Knalltüte.

dem ich stimme gab, um durch ihn diese/meine zahllosen – im *Alten Mann* da unten: sei's im COMETEN, bei Kickie oder im DOPPELDECKER – vertanen nächte, die irgendwo verpennten tage: verhunzte, bis zur unkenntlichkeit entstellte zeit . . . einmal ordentlich zu erleben als etwas zusammenhängendes: als ein ganzes . . .

das ist geschehen. das Große Haus ist fertig. Knalltüte lebt.

und vergleiche ich mich heute mit ihm so wird offenbar um wieviel eher lebensfähig, um wieviel beständiger als sein Erfinder sich dieser . . . dieser: Kerl erwies; um wieviel wahrhafter (existent).

also der ist gelungen, scheint mir.

ich dagegen löste mich auf da unten, wechselte aussehen und farbe/ansichten gleich mit.

während Knalltüte blieb: EINER/ knallhart!

einer der in einer nacht überwand woran ich längst gescheitert bin: Zeit

das alles macht daß ich mich heute

hinter ihm verstecke; ich hab ihn aufgeblasen, riesengroß – nun steckt er mich spielend in die tasche.

die frontalität seiner ansichten entwaffnet immer wieder. und man ist ja geblendet vor lauter licht, soviel helligkeit – geht in die knie unter soviel offenbarungsdruck

den ich belächle: Knalltüte/Kauz! in seinem eifer; in diesem, seinem welterschaffenden, -bewegenden optimismus. in seiner so rundherum drolligen annahme – wenn er zum beispiel immer noch meinte, seine zeit liefe ab in kreisen. das sind kreise die er selbst sich schafft und die ihn davor bewahren, sich – gleich mir – in vergessen zu verlieren, *sagtest du das nicht, Professor?*

meinen *Tod vor der Zeit* . . .

Knalltüte also – steht turmhoch über mir; da muß es ihn aufgetürmt haben irgendwie.

Knalltüte ist fertig. da geht er: ein wahrzeichen in der welt.

EIN SPÄTES LICHT

unter allmählicher verfärbung: fortschreitend

¨1/an diesem tag sind die menschen wie zerstreute motten – und die berge wie gezopfte (gedrehte?) wolle

¨2/der nachmittag stand noch wie milch in meinem fenster – als ich fortging von zu haus: weißer spätnachmittag im august.

auf dem weg hierher ist es dann schummrig geworden . . .

¨3/COMETEN da drüben *(nicht wissen wo)*

dennoch der ort . . .

terrorwellen gehen aus von dort

terrorwellen: der Alte Mann zittert: *es bebt der berg* ja wenn die zeit stürzt in den wetterschacht (so stell ich mir das vor wenigstens ...)

¨4/da drüben COMETEN also; und welle auf welle – wie gesagt: ein Finsterer Riese – gähnt mich an über zwanzig meter

... fünfzehn meter: die tür ist offen/ *schlund*

und noch zehn meter etwa – da heult die musikbox los, *ah!*

¨5/LADY BIRD – jemand brüllt:

– *dreh den kasten leiser! wohl verrückt ... !?*

... noch fünf schritte/die stufen ...

¨6/

– *wieder klar?*

– *klar immer!* aber das war gelogen. noch bin ich nicht hier; denke vielmehr an die spätsommerliche milch da in meinem fenster ... als ich fortging von zu haus

– *'n abend Berni ... Ramon. Milla. Carla.*

¨7/als eintritt auch Warncke

– *Berni sagt, nun hätt er die schnauze voll*

– *wovon voll?*

– *ach hör doch auf!*

– *... voll von sich selbst, vermutlich.*

¨8/DIE GESCHICHTE VON BERNI BESOFFEN IN DER KOLBE ALLEE (gestern/heißt: heut früh) Bodo grinst. er war dabei.

– *überhaupt: geht euch das was an?*

ich komme da nicht mehr mit ...

¨9/ach ... sicher. Magda nicht da?

Vollsau Zigulla prügelt sein weib/ unflätig: Berni? (sagt Bodo)

Ramon schreibt an einem neuen stück/*zeig ...?*

ein blatt, aber ich sehe nur kreise ...

˙10/KREISE vor meinen augen: zuviel sonne/zuviel licht heute

·11/Berni haut Bodo nun gleich was vors maul; darüber hinaus scheint *mir* etwas nicht in ordnung mit der zeit: unendlich langsam höre ich mich gleich mehrfach fragen *was schreibst/du da? und/geht mich das was an? nein?*

·12/NEIN; also gebe ich das blatt mit den kreisen und den echos . . . *schreibst/ du da? und/geht zurück: da.* ZEITLUPE

. . . schreibst/du da? und/geht – so werde ich mich vielleicht erinnern eines tages: an eine angenehme kühle hier unten, fast fröstelt mich nach so viel sonne heute.

erinnern an einen sommer – wie war das?

. . . wie gezupfte wolle – heißt: erst lagen noch überall berge weißer kastanienblüten am bordstein hier – von der anderen seite herübergeweht an diese ecke: *gezupfte wolle und/geht zurück . . .*

·13 ABER DIE ZEIT IST WIE EIN LOCH

schon wieder august

du da?/geht zurück

und/sehe Carla und Magda jetzt (ritardando) hinter der bar gläser spülen – trocknen und aschenbecher mit einem feuchten tuch;

und ich denke, erinnere mich daß ich dir ja schreiben wollte . . .

du da: dir

·14/

weil du wissen sollst wie hier jetzt alles weitergeht, nachdem du fortbist . . .

heute früh am bahnhof.

weil für dich dies hier jetzt alles zu ende ist/vorbei

da?/geht zurück . . .

und das war das ende: am kanal entlang – gingen wir. über die brücke, der bahnhof schon auf hundert meter . . .

*

ich sah dich dann noch oben am bahnsteig, die beiden roten blumen in der hand – wischtest du dir die äuglein? armer Liebling!

aber bald – paß auf: nichts wird dann mehr wehe tun: vergessen; denn du wirst glücklich sein.

*

und den kanal entlang ging ich zurück – über die brücke, durch den kleinen hafen wo man gerade dabeiwar, die alte – du weißt: die dort aufgebockte motoryacht auseinanderzuzimmern. in der vormittagssonne da. als ich nach hause ging. in gedanken an alles;

oh, ich wollte dieses ende nun gleich dazu benutzen einen guten start zu haben, hier mit meiner arbeit . . .

nein ich finde wir haben das alles sehr richtig gemacht; und ich meine: deine tränen . . . sind natürlich das ganz besondere . . . ich meine: es war doch nett so, rote blumen. außergewöhnlich . . .

rote blumen. du da oben. ein wirkliches ende.

*

in der kneipe an der ecke bin ich dann aber noch wieder hängengeblieben. auf ein paar halbe liter bier. in gedanken an alles – sah ich den fliegen zu die da unter den lampen unermüdlich kreuzten

Liebe Marion/fing ich an:

wie geht's als Frau eines . . .? glücklich? hoffe doch! mit ihm; der Dicke ist ein netter kerl, ich kenn ihn doch . . .

und glaube ehrlich, du hast richtig entschieden, als du . . . als wir . . .   . . .

aber war noch nichts – mit diesem brief; außer: hängengeblieben . . .

und dann: BLAU AM MITTAG

jedoch mit einem originellen selbstgefühl – so etwa wie: *ich werde leben!* ich – – der Junge Mann aus haus 34 (so kennen mich die leute hier/*das* sind jetzt meine leute: die Milchfrau und so . . .)

also – stehe jetzt hier, ja: deutlich sichtbar für jedermann. und bin besoffen.

ergo sum. beweis? ein kleiner rausch faßt mich friedlich ins gesicht.

als ich da stehe in der sonne. ecke Leitzmannstraße AM STERN . . . faßt mich an die nase (rausch) und ein fröhliches rauschen auch im ohr. rauschen in den bäumen über mir. bäume auf dem weg nach hause. weg am mittag. Junger Mann am mittag. Junger Mann der nichts dagegen hatte daß sein Liebster Schatz einen andern nahm, einen Dicken . . . der wird sie ficken, jetzt: oft mehr als er mag. guten tag.

na, schön

so (oder ähnlich) hangelte ich mich dann von tür zu tür/ast zu ast – zu baum: in vollem licht . . .

erst um die ecke, dann geradeaus.

WEGE IM LICHT. wege mit bergen weißer kastanienblüten am bordstein. und rauschen im ohr . . .

fühlen wie man geht.

'fühle wie tauben. tauben auf den simsen großer architekturen. in den glockenfenstern der dome. *bim bam! bim bam!* oder sag – warst du mal irgendwo? in Siena? Florenz vielleicht? ich meine . . .

alles hehre – jedenfalls, hohes und höchstes im sinne . . . stürmte/schwankte ich vorwärts/vor! jetzt bloß nicht kotzen müssen . . .

(aber gottvergelt's die gute tat: die beiden frikandellen die du mir dagelassen hattest, die von gestern abend, die halfen mir noch einmal über den berg.)

FLIEGERMUSIK

am nachmittag dann in praller sonne.

und ein wahrhafter gedankensturz/ oder besser: ein ausstoß von energie, der zu eben jener ersten notiz führte: *an diesem tag sind die menschen* . . . pi pa po: . . . *berge wie wolle;* und sozusagen in ahnung des besonderen: im bewußtsein des endes und des anfangs . . . heißt:

gedankensturz

VON DER KREISFÖRMIGEN WIEDERKEHR

will ich nun berichten

vom fröhlichen rein und raus und *rum fidibum* . . .

und das war mein traum von je: der freie flug zurück/steil – der boden tät sich auf, der raum in seiner ganzen dimension: ein tritt die rundum rasende, das All umreißende *Mannigfalt,* die göttliche Phantasie . . . und nichts, ich schwör's dir! nichts wird diesmal verlorengehen!

thema Nr. 1

zunächst aber muß erst der Bote IM ALTEN MANN/ja – der speit ihn aus gewissermaßen, der alte berg: mein mietzimmer hier Kolbe Allee – auch *Gelbe Bastei,* auch *Flunkerzelle* geheißen – *mein stützpunkt* hier.

der Alte Mann

ein ort *ab* . . ./ort – will sagen: aus der zeit auch/außerhalb . . . oder rausgeschnitten aus dem bauch des Alten Mannes. eine *Hohe Pforte,* hinter der – ist alles anders . . .

hier wurden die reden entworfen und *ex cerebro* gehalten

AUS DEM ZENITH

heiliger ort zugleich; des Alten Mannes hüter sein – heißt teilhaben an einer anderen dauer, so versteh ich das: ein stuhl ein tisch ein bett mit einer kleinen lampe (das licht über der opferbank des gottes . . .)

des Gottes? ja ist er das? der Alte Mann ist ein Gott? Kronos – der seine kinder frißt . . .

. . . der schreitet . . .

ohne lust. und ohne schmerz (vermutlich).

der kein unterkissen hat, weil er keines braucht . . . der schreitet (ganz einfach)

der die zeit bricht wie ein brot und ißt mit eigenen händen . . .

dem abkühlung verschafft die nacht: linderung vom licht seiner augen tage

– hier taucht er auf: schaumbekränzt unter den menschen; so das bild. (. . . die damen da machen im vordergrund? weiß – ach! die grüßen (meermaiden) den Fremden Mann . . .)

seine/meine – unsere abenteuer aber sind papier geworden – und ich (glaube? folge?) dem aufs wort; denn –

ist er nicht der Vater . . .?

doch ist er nicht mein Vater, so ist es denn . . . der Wolf? mein Onkel Jannes? Mutterbruder!

ihm schlachtete ich mein schönstes kalb: Marion Föckler, seine Tochter.

ohne ihn habe ich kein leben ferner (und du übrigens auch nicht); den saum seines mantels berühre ich (am boden) den ich vor ihm küsse. er aber hebt mich auf . .

ich spreche nach, was er vorgesprochen hat.

indes – all zu oft geschieht es so: ich treffe ein, ein gleichnis auf den lippen – ist er schon fort. längst wieder fortgezogen . . .

der Alte Mann . . .

o du Alter . .! entzogst dich mir so oft: meinem/dem zugriff eines Demütigen Verfolgers; ja manchmal ist es wirklich zum kotzen hier . . .

. . . und sein Prophet

Verfolger und Bote – also: bin ich/ das ist der Bote des Königs, den speit er aus (der Alte Mann): einen ausgewachsenen Männlichen Menschen; der aber wird entkorken sein glied – paß auf/ja das . . . da jetzt:

. . . . . . bula! ja/das ja ——o!
das jazzophon———eu!

das war's eigentlich – nachdem du fortbist heute früh. bleibt noch der weg: . . . die Düne runter ging ich STRANDWEG KOLONIE AM STADEN – die nassen badeklamotten unterm arm/zu fuß

da drüben der blick auf das rote Bollwerk/Paradieshöft – Egerländer Brücke; links rüber die alte seifenkokerei und der Alte Mann:

HEIL DIR IM STEIFEN HUT!

*

nun. ich erinnere mich wohl an diese dinge

. . . an was sich ereignet hatte tatsächlich an jenem nachmittag bevor noch der erste strich zu diesen notizen überhaupt getan war.

an ein gefühl der dichte. das äußerte sich in einer alles (vor allem jedoch mich selbst) überrollenden tief/tiefen überzeugung. wobei nicht deutlich wurde, wovon ich eigentlich hätte dermaßen überzeugt sein sollen.

und ein wille zur ordnung war auch da, aber nichts was sich hätte ordnen lassen an jenem nachmittag. ein anfall von energie (gedankensturz) – und ich fuchtelte wild herum, aber das machte überhaupt nichts aus auf den blättern, die blieben leer. als ich da saß vor dem anfang: ein botschafter ohne botschaft, der Messias ohne auftrag . . .

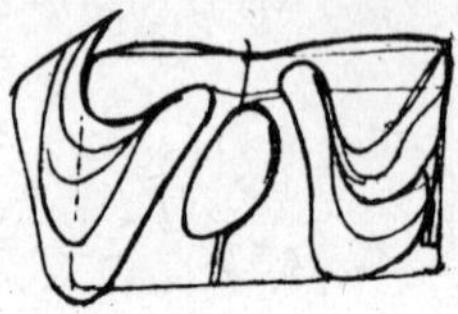

forsche und forme

nur zu. noch hatte ich eines: die wahl.

lieder? bilder oder was? kreise . . .

. . . und auf dem papier, dem leeren . . . formten sich weiß-der-himmel! abschnitte, blöcke, intervalle: gebilde verschiedener schwere und dichte – bauten sich da auf, sekundenschnell und verfielen. in der hand hielt ich dies – was war das?

der weiße voranfang.

dichte und schwere

und immer neue formen, wo sind die bloß her?

ein programm ohne inhalt.

zwischenräume, reihen: zeitreihen -kreise/war die welt noch rund . . . schließlich tropfen: viele kleine zentren. und in einem dieser mittelpunkte: die Föckler plötzlich, Marion! sagte auch irgendwas:

– na ihr?

ich nahm meinen stift, da war die Olle Ziege aber glatt schon wieder verschwunden! so eine scheiße ...

dann war da Egon, der alte Kellner im COMETEN. der wußte alles, konnte alles. der kannte sich aus bei älteren damen vor allem: *ach Egon, Sie ...* da war der *Alte Mann* noch das Café mit müff und plüsch – vor der jahrtausendwende/heißt: bis wir dann kamen und machten den COMETEN CLUB daraus: HOT SPOT

aber Egon – den meinte ich natürlich nicht.

immerhin, der ort der handlung schien damit doch gefunden; und ich schrieb:

an diesem tag sind die menschen wie zerstreute motten und die berge wie gezupfte wolle.

unter den vielen aber die da sind in das bunte kleid ihrer zeit gewandet, halten wir unser augenmerk wiederum auf jenen einen mit den augen eines kindes, das ins feuer starrt/gebannt: unbegreifliches ende dieser welt, hier scheint es sich aufzutun, ich weiß nicht wie ...

und ich glaube/ja – ich hab's erraten:

alles was dieser Spinner, was dieser Knalltüte darin sieht, ist immer nur er selbst ER SELBST: als Kleiner Guggu/Pökerbäckchen auf dem stuhl, wie er da sitzt ... oder wie er da steht in Frau Pauls kleinem laden KURZWAREN – und spielt mit den knöpfen, sein liebstes spielzeug: das möchte er jetzt da in die flammen werfen ... zauber der zerstörung ...

so war das. und ich fing also an:

DIE GESCHICHTE IM COMETEN. WIE KNALLTÜTE DAS ENDE DER ZEIT ERLEBT. UND WIE ER DIE ZEIT DANN WAHRHAFTIG MIT DEN FINGERN BERÜHRT UND DANN RICHTIG ANGEFASST HAT ... zunächst aber

a)

das neue engagement mit dem chaos

und das ist die bittere wohltat: sein leben verspritzen in haß! will sagen: die suche nach dem Paradies, nach erfüllung, nach dem ruhenden punkt – das bedeutete doch abschließen wollen, . . . seinen frieden machen und vertrocknen am licht. das war der tod.

jetzt aber gilt's das leben.

und wer die große lust sucht: hier im COM ist sie zu finden, lust – die einzig wahre erfüllung: koitus im chaos . . .

ausbrennen um voll zu werden!

und wer brennt wird leichter . . .hallo! ich lerne fliegen!! bin schon dabei! aber nicht wie *wenn ich ein Vöglein wär* . . . hier geht das anders.

– *musik, leute! laßt es fetzen!*

fliegermusik

FLIEGERMUSIK!

und da ist er nun wieder, mein Alter Jacob. den ich am schwanz packe, so packe: *so! und dideldumdei* – diesen gerissenen Freund meines Lebens.

und so packt der mich: *ebenda! eia popeia!*

und zum sterbenwollen in frieden – ein für alle mal: ist es jetzt längst zu spät; ja es schläft sich nämlich ausgesprochen schlecht bei FLIEGERMUSIK.

b)

Berni macht – was?

|-grütz! |-grütz! zu Milla

Berni lacht, Milla macht:

l-grütz! (sie grützt zurück sozusagen)

und immer so weiter: Milla lacht. und Berni macht – und so/daß: darüber hätt ich fast vergessen, wer ich bin eigentlich: Knalltüte

einmalig/unwiderruflich

und so lange kreisend: existent! das ist es nämlich: unwiderruflich jede sekunde die ich auf meinen zirkeln zubringe/verlebe . . .

und sie können mir nichts mehr wollen

und wenn sie mich zerstückeln . . .

und wenn der himmel weiß wird: sie können nicht aufheben, nicht ungeschehen machen, was war. fast hätte ich das vergessen – in diesem stinkladen hier/. . . *in der zeit*

und es lohnt also den widerstand gegen den Weißen Tod?

. . . es lohnt also; denn das ist schlimmer als zerstückelt werden: *vor der zeit vergessen*

knochen, gehirnmasse – der ganze ramsch gehört sowieso ihnen sie haben das doch hierher gepflanzt einmal.

was ist das für 'ne merkwürdige philosophie?

über alles weitere jedoch laß ich nicht mit mir verhandeln!

von einem zeitpunkt an da ist ihr einspruchsrecht erloschen – konnten/können mich von da an nicht mehr fassen: *über die zeit* bin ich ihnen entwischt . . .

MEIN EIGEN, bin ich.

denn es wird ein gelächter sein/ kreisen um die leere stelle, es werden

KREISEN TÖNE/HARMONIEN

im raum – wunderbar! optimismus wird möglich.

wunderbar

zeit kann man nicht zerhacken wie ein scheit holz, es ist dies eine frage ganz offensichtlich der ausdehnung/dimension

freut euch, leute! freut euch: dies ist *der* augenblick! ich sehe einen punkt, einen schwachen schimmer. licht: das ist *das Ende*

das ist der helle fleck den ich seit langem schon bemerkt habe – hier, da hinten/irgendwo immer . . . z. zt. hier im COMETEN: das Ende des *Alten Mannes,* dort wo einmal statthaben wird: . . . für immer eine sekunde, der einzig perfekte moment – nämlich im augenblick des heraustretens: . . . gerinnt uns die zeit.

UND DAS ENDE IST ÜBERALL

als ein fleck am ende des *Alten Mannes,* so sehe ich die zeit: als eine helle scheibe ein flaches ding irgendwo, schwebend, raumlos – direkt vor/in meinen augen

ja so wird es sein: ein tauber fleck

blind (wunderbar!) im auge, der macht daß wir blind sind *für die zeit*

blind/während wir kreisen

blind/während ich hier nun sitze; und da fühle ich mich aber kräftig mit einbezogen jetzt: in konversation befindlich . . . und bin (in ahnung des besonderen) *Knalltüte* – fast hätte ich das vergessen.

*

IM COMETEN

Föckel sitzt noch da, redet zu Magda;

Berni, unruhig – sucht etwas in seinen taschen

– *zigarette?*

und der *Alte Mann* hier liegt jetzt in staub und asche; zertretene kippen überall: *die letzten weißen blüten ...*

und ich stelle fest, es sieht tatsächlich alles sehr alt aus hier.

aber ich habe keine angst ...

ich habe keine angst, nein; *(wunderbar!)*

streitbar bin ich wider alle angst und zweifel – gewappnet gegen schnödes vergessen – gefeit, heißt:

DA IST DAS WUNDER

... schon geschehen, sind mir die idee – ist mir die vorstellung vom einmalig-unwiderruflichen augenblick: verzaubert in eine blühende landschaft mit bäumen und sogar einem meer ...

... ist mir theorie verwandelt/denken in lebendiges fühlen, gefühle – die mich streitbar machen, standhaft ...

das Knalltütenwunder: ... *verwandelt durch das wort.*

so einfach ist das.

einsichten zum mitsingen ... *(wunderbar!)*

... ...

und erinnere mich, ja. an allerlei gespräche hier, heut, gestern ... *in der zeit;* an allerlei zwischenräume auch im programm. und an allerlei notizen die ich dann um diese zwischenräume gemacht habe*)

*) erinnere mich: gesichter

"philosoph: *da geht er*/gedankensturz

satz· *an diesem tag . . .*
satz·· *stand wie milch in meinem fenster . . .*

. . . . . .

und dann geschieht's: die röhre/der *alte Hohle Mann* hier wölbt sich – wird zur kuppel!

mein gedanke: dein grab, Lady Bird!

sicher ist: der raum hat sein natürliches ende gefunden *mit der zeit!* ENDE

. . . ein Ende überall!

wunderbar!! dieses zweite wunder, muß ich sagen, trifft mich gewaltig!

ich fasse das Ende mit meinen händen.

hände so groß: riesig – wie beim homunkulus! etwas tastet auch mein gesicht? ein wind? der regen – irgendein zufall; will erst wissen wer ich bin . . .

ich bin's

. . . und taste das Ende/und
wir stehen auf einer wiese
rosa wiese. musik spielt. FLIEGERMUSIK.

ich höre
out of nowhere/LADY BIRD . . .
blick von dir, vergeht für mich die welt . . .
aber die musik vergeht nicht: wächst, nimmt zu und zu und gerinnt, also . . .

die wiese aber ist jetzt mehr und mehr übersät mit kleinen schwarzen – pilzen?

was sind die?

o! ich begreife: meine schwarzen hände – *im nu!* im nu bin auch ich pilz

dennoch höre ich ja/ja
ich höre noch und sehe

*

hier am *Alten Mann*
wo der hund scheißt zwischen die Staden der Zeit – am fuße der Windsberge*)

AUF LANDS ENDE

in einer Frühen Landschaft: was längst entlegen; erster schauplatz zwischen hell und dunkel irgendwo – *in der schwebe . . .* **)

wo wir uns fanden dereinst; und wir steigen noch einmal hinab . . . wir: denn diesmal kommst du mit, Muschi Föckler!

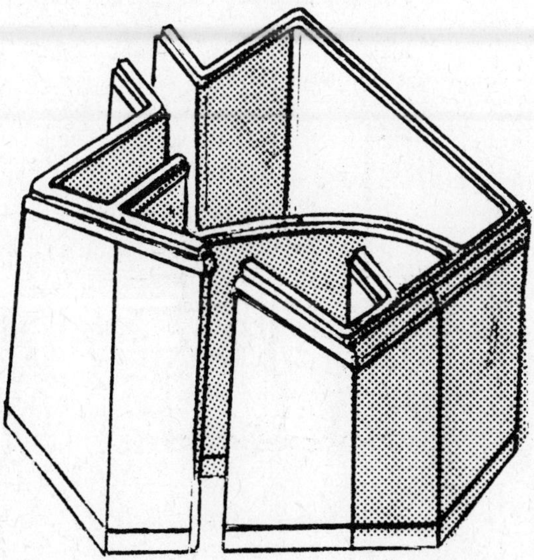

hinab ins Haus der Sieben Sehwinkel*)
– *abruschima!*
ins Haus der Bilder: ins Große (pan)

**)kenn ich doch! das achtkantige lügendings! . . . und hat es nicht acht ecken/so weiß ich doch, ich seh immer bloß sieben – weil, in einer ecke ist besetzt: da hab ich meinen standpunkt. das ist die 'blinde stelle' · auch/im bild: wo's sich verkrümelt, wo's abgeht ". . . durch die mitte"*

Optikon! . . . ob Knackshaus oder Tempel, hab ich nie gefragt

HIER und hier/dies ist der ort da werden füße gegessen, ein ort aus aller zeit . . .

IN SONDERSTELLUNG

im Alten Mann – heißt: *teilhaben* an einer Anderen Dauer – heißt: rausgestellt/ frei sein

– heißt: *in sonderstellung* eben; an einem Heiligen Ort befindlich sozusagen.

und also doch: ein tempel/Tempel*), den ich – hätt ich ihn hier nicht *bei der hand* gehabt/vorgefunden – dir hätte errichten müssen LADY BIRD, dich darin zu verehren . . . mit dir zu verkehren, mich dir einzuverleiben: Ganz Der Deine!

*)*Anima-Mundi-Schrein; darin darf das verkappte Ei nicht fehlen: ((O))*

. . . aufzunehmen den faden auch, hier

hier *im grunde:* ein halbraum/*auf der kippe* zwischen tag und nacht____________

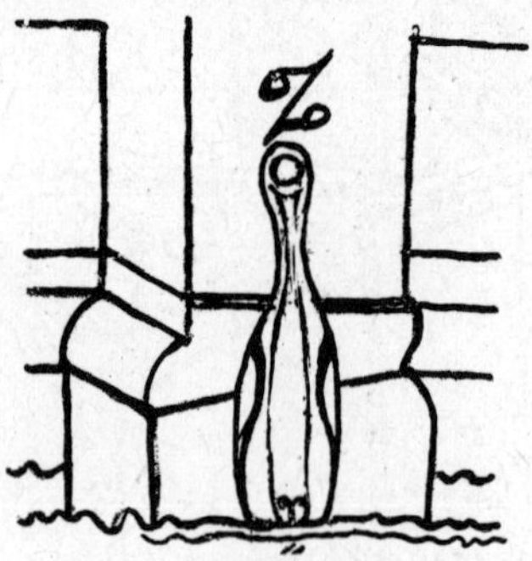

. . . im halbdämmer*)

*) von wo aus man sich vorstellen muß, dies und alles geschähe einmal tatsächlich

**) am Hohlen Mann: wie ein Hundsrück

sieht das aus da – wie ein buckliger hund der da hockt, so ein gnuppel ist das, ein knick in der landschaft: ein regelrechtes Loch in der Natur

···) EIN WUNDER PUNKT – von dem war schon öfter die rede: wo's sich allen gesetzen zum trotz (wider die natur) irgendwo glatt *verkrümelt. trügerische welt/bodenlos . . .*

ein paradoxer raum: fließend – und doch irgendwo zentriert offenbar

raum, den zu betreten sich einer schon verdammt dünn machen muß: um zu passen überhaupt, zu verschwinden endlich in der sogenannten Fontanelle, jenem schmalen ritz den der erschaffer dieses raumes uns gelassen hat.

fontanelle (ritz)

das ist dann gleich die schwelle über die wir treten: da fallen innen und außen, da gehen subjekt und objekt zusammen.

gelangt nun ein besucher derart 'aufgehoben' in das nischenreiche innere dieser anlage, tritt er ein in eine bewegung – etwa derart (vor augen) als wechselte man immerfort den standpunkt; oder es ändert sich die *perspektive* irgendwie von sich aus? zumindest: da (hört' ich) käm es über einen wie ein schwindel, wie ein großer rausch . . .*)

*\)*und seh ich mich gleich mehrfach an verschiedenen stellen: als kind . . . als das bleiche gesicht*

und noch lange in diesem taumel – begreift einer erst nach und nach was vorsichgeht alles auf den verschiedensten ebenen gleichzeitig. sieht dabei zugleich stets und überall diesen Heimlichen Gast im hintergrund: *sich selbst* – als Flüchtigen Besucher der auftritt und ab- durch die Mitte: elegant sieht das aus, wenn er kommt!

Der Fremde.

so sah ich mich. so sah ich uns, Marion/Musch

und versuchte es schon, fragte mich, was es wohl auf sich haben könnte mit einem ehemaligen pinkel- oder waschhaus oder was immer der *Alte Mann* ursprünglich einmal gewesen sein mag: was seine rolle hier in diesem *spiel aus hell und dunkel*

. . . aus werden und vergehen, du wirst es nicht glauben wollen – na, was?

sagte mein Freund Fred Föckler:

– ich schätz es ist die Große Futt, ach klar . . .

*

– *was wir nämlich brauchen,* hatte Föckler gesagt: ist ein genaues zeichen, etwas wo jeder mensch gleich sieht und denkt: *das und das – aha! das kenn ich . . .*

wo also jeder gleich weiß.

und einfach muß es sein, gibt's das?

und da hatte Prenzlaff den einfall zunächst mit diesem dingsda das er uns aufzeichnete und rumgab.

– *was ist das?* kommt mir bekannt vor.

und Fräulein Torbach war geradezu richtig baff, sagte sie:

– *das ist ja der Himmel!*

und sie hätten da eine alte anrichte gehabt zu haus bei sich in der küche zu stehen, einen dieser altmodischen stuckschränke wohl: da war so ein feld in der mitte oben – in blau . . .

– *das hieß bei uns Der Himmel.* durch den schauten die Seligen Seelen/die Englein nach den braven kindern aus das jahr über . . .

– *bei uns,* sagte der Kleine Noll da: *nicht, Fredi? bei uns hieß son dingsda Paradies*

– *also wer sieht mal nach?*

Prenzlaff natürlich.

*

also. am neujahrsabend kamen die

Geister der Seligen dann direkt aus dem Paradingsda mit ihren gaben und fielen her über die braven kindlein, die waren/saßen schon aufgebahrt überall in den stuben . . .

– *aus dem Himmel!* sagte die Torbach da wieder: *ist doch klar: woher kamen die Engel?*

das werden wir ja sehen . . .

2 3

---

eine art FRÜHER LANDSCHAFT

sollte das sein zumindest: was längst entlegen.

oder das Himmelszelt: das Blaue Fenster der Welt – durch das wir kinder einst schauten und glaubten, auf frohe botschaft hoffend: von dort draußen werde uns das glück . . .

das blaue fenster der welt

oder wie damals auf dem gelände zwischen Dove Kanal und Güterbahnhof – genannt STADEN, das war auf dem stück schrottlandschaft da voller gruben und schutt . . . durch ginster und kraut ein weg um die fundamente abgerissener baracken, und flach – bis auf einmal trutzig in der mitte: *Der Hohle Mann,* das alte toilettenhaus/INVERNESS CASTLE

SCENE I/an open
place in Cambrium (anno dunstig)

... und wir aßen kinderköpfe – glaub ich: gekocht; erst hatte ich immer den von Marga Fölsch; ich esse nur die äußere haut, wage noch nicht das gehirn – wie man mir rät: auszulutschen/zu trinken ... das hirn eines menschen? ich nehme lieber erstmal den von Lotti der Tochter Nolls; der ist wie hühnerfleisch: gut/zart. ... wie man mir rät: *nimm den von Bibbelchen, der ist kleiner; hier – du mußt durch das loch im hinterkopf – und richtig ausschlürfen: so!*

deutlich sah ich Bibbelchens milchzähne in der offenen, kaum eigroßen mundhöhle

... *oder probier mal diesen von Marion: deiner Marion Föckler!* sagte Berni zu mir, und zeigte mir (o die Sau!): *so mußt du mal. geht auch! hier!* und steckte seinen bibbel in Marions halsloch dabei

und dann/ALLE MAL HER!
(Professor Knalltüte erklärt jetzt das gehirn)

wichtig vor allem:

die existenz dieses hinterhauptlappens!

als beweis dafür nämlich, daß alles in der welt in schichten vorzustellen ist: lauter überlagerungen *(plans superposés)* von immer ein und demselben. auch im menschen.

und die allerunterste schicht das ist die weltraumausstrahlung. und die ist also noch in allem vorhanden – und strahlt aus *als energie* bis in die obersten schichten: bis in das gehirn jedes Einzelnen von uns.

kommt zum beispiel mal das zeugs da, das du kennst: aus dem präparierten

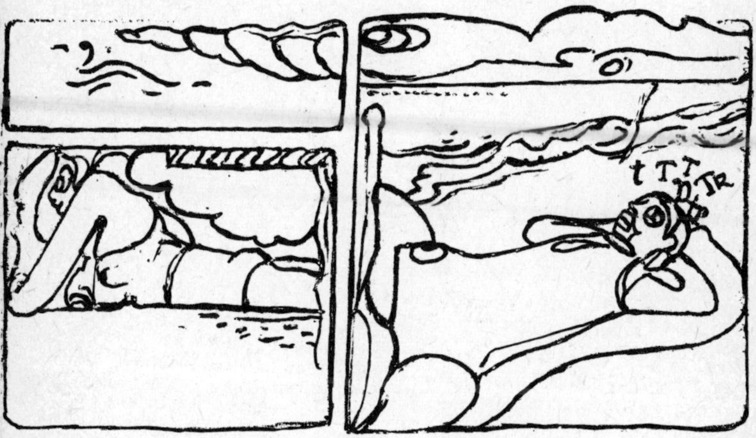

zucker – und gelangt in diesen besonderen auch Paradies od. *Talamund (tut weisheit kund)* genannten hinterhauptlappen, so wird die isolierschicht, die *abschirmung* gegen die genannte *uralt*-strahlung durchlässig/aufgehoben . . .

und was dieser strahlung in jahrmillionen an rhythmen (also: *botschaft*) aufmoduliert worden ist, gelangt nun unmittelbar in den bereich unserer wahrnehmung (nämlich an die oberfläche); heißt nicht daß wir schon verstehen, gleich; aber nach und nach in einem weiten bogen einer weiteren dimension *tut die welt sich auf* vor uns . . .

dabei ändert sich wohlgemerkt im grunde nichts – wie ich gesagt habe: da *alles ein und dasselbe* ist – nur zu verschiedenen zeiten in verschiedener form.

also . . .

da seh ich auf einmal meinen Prinzen/da seh ich den Kleinen Moritz zum ersten mal hoch durch die luft kaspern, den nachthimmel den schwarzen entlangfahren – im nachtanzug DER KLEINE NACHTJÄGER: *et exhibit sua culpa!*

merd. io!
der Rote Bube holt di o!

heißt: im leibchen seh ich ihn und sein kleiner pöker litzte/lugte – schien wie der mond bei jedem sprung . . .

mein diger diger dummerdei
mein dillerdu
mein digadenzchen!

und ich wollt noch fragen: *was machest du?! wie bist du so geworden?*

überhaupt: wie kamst du frei von deinen beiden *paßauf!*schachteln/den Nachtschwestern, deinen Tanten?

(ende des zubettgebrachtwerdens! des ewigen: *linke hand/rechte hand – ein bein hoch/noch ein bein . . .* diese allabendliche prozedur)

. . . aus ihrer obhut entwuchs/entwich ich!

stay you imperfect speaker! tell me more!

doch schon vorbei.
das aber war mein traum von je: der

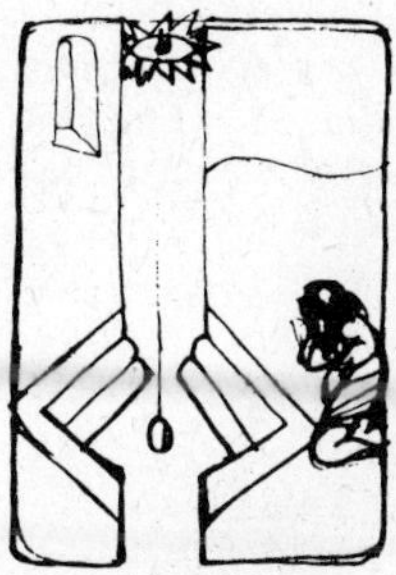

Freie Flug – hinaus . . . und ein Steiler Kegel: wie ein berg so dick und mächtig! ein Schuß Hinaus ins Blaue: *thema Nr. 1*

h e i p h a l l o s ! !

. . . und es wär damals, ich – auf dem *Brummer* – sitz wieder in der kleinen nische neben der besenkammer auf meinem kinderstühlchen bei uns in Kalun: da tut der boden sich auf vor mir

und/
ein tritt die rundher rasende
das All umreißende *Mannigfalt*
die *göttliche Phantasie*
kommt einhergerollt:
die Windsbraut auf dem kullernden Ei . . .
es wär damals

HEIL DIR IM HOHEN BOGEN!

– schafft euch! brüllte Berni; und Magda (Rickoff) war auch ganz aufgeregt, kam näher/immer dichter

bu! jetzt . . . sagte ich: *bu – la!*

die Föckler ging auf fahrt, ihre titten schwabbelten ordentlich. und Magda ganz nah/sah mich an . . . da zog es knallhart ein, zwei mal: drei lange struller der Föckler in die fotze – als sie sich plötzlich auf . . ./aufbäumte – ganz irr/lachte: *hui!* der Kerl da hinten: Berni! *dein Alter Berni, Magda Rickoff! . . . der steckt mir doch glatt 'n finger in arsch, der . . .* (und der Kleine Mann hier, der pumpt der Mutter das loch voll und voll – bis zum platzen)

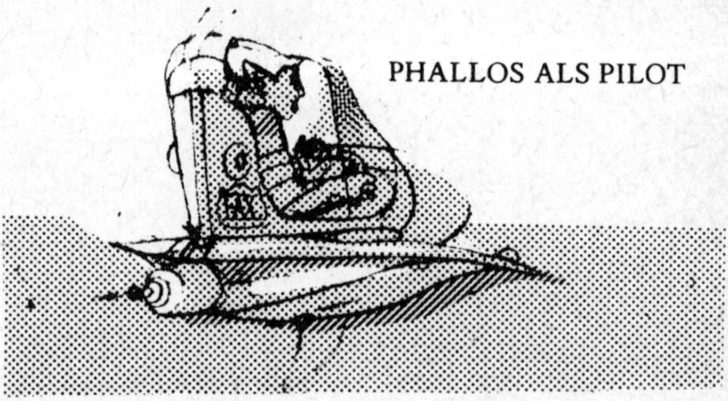

PHALLOS ALS PILOT

na das geht ja prima! dein Täubchen da und du (ficken!) und schon sind wir auf dem wege ins All – die Wendige Fickse dabei wie beschrieben stets vorauf . . . so ein Windiges Bräutchen

. . . hat hinten ein häutchen; und das (kannst sehen?) benutzt sie als segel!

doch was für 'n Ekliger Gnurkelmann *(Egelskopp!)* ihr da bloß nachgesabbert kam?! pfi———i! sah der aus: wie . . . wie Jochen Köppke vielleicht? *nein: wie du, Opa Köllsch! wie du!* und wie du und wie ihr!

und einen fisch hatte der auf seinem rücken festgeschnallt . . .

was ist das? ja ist er denn verrückt? halb im kinderwagen noch *(ein bein rein!)* halb kleiner Pinkelpottrutscher *(ein bein raus!)* spitzt er, hechelt er ihr nach – seiner Traumfee: ganz geil, es möcht ein Allegori-

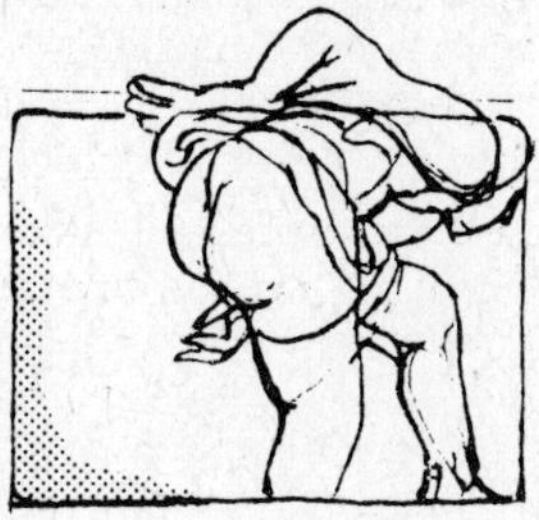

sches Bräutchen ein bißchen was lüpfen – da schürzt es schon das hemde und zeigt ihm

LADY BIRDSLEY

ein wenig hintenlangs *die medaille* GLÜCKS-NUMMER!

auch kommt unverhofft eine schrift da raus:

SPECULATIUS GUCKINMOOS
(kiekwoll, Kasch: all wellern bückel!)
/oder:
. . . durch einen blick von dir
vergeht für mich die welt

*

bleibt die frage: bedarf es denn derartiger luftsprünge? bedarf es denn solcher schaunummern wie oben zwischen IHM und seiner Dingsda M.F.? solcher mühsal? wo uns das *Ende der Geschichte* doch so langsam/allmählich ins haus zu stehen scheint?

wo niemand zu sagen vermag, ob und in wie weit wir da noch bedürfen z.b. der

Erinnerung an ferne länder, da wir doch jeder/alle glücklich sein werden und gut?

und niemand braucht mehr in seiner oder seines Lieben Nachbarn vergangenheit nach einer glücklicheren zeit zu forschen – zumal, da der begriff Zeit dann (wenn nicht überhaupt aufgehoben so doch) erweitert ist/ ausgedehnt sein wird auf *die Dauer* – heißt: auf *die länge einer Weile,* den verlängerten *Glücklichen Augenblick* . . .

also: *Jetzt und Immerdar*

da dieses neue zeitgefühl (nenn' ich es noch einmal so) das bewußtsein ausdehnt wie einen raum der uns umfängt: rundum offen – und daß wir also auch ständig versorgt sind mit gewißheit von dort, wohin wir bislang nur zögernd (bald in sorge bald in hoffnung) blickten: *in die zukunft* . . .

wenn das was wir tun: unsere arbeit/ unsere leistung – endlich bei uns sein wird als unser *vermögen* (= besitz plus die möglichkeit, darüber zu verfügen), wenn diese leidige zerstückelung der welt ein ende hat;

wenn *ursache* und *wirkung* DAS GESETZ die taten nicht mehr von uns, ihren tätern trennt . . . wenn alle *Kraft*/oder wie die Alten noch sagen: GOTT – wieder bei seinen kindern weilt –

dann fallen anfang und ende/traum und wirklichkeit zusammen *in einem kreis.* wie in jener ferne aus der wir einst aufbrachen, das glück zu suchen: *das Paradies.* eine art Früher Landschaft sollte das sein – oder das Himmelszelt, auch: *das Blaue Fenster der Welt* geheißen . . . durch das wir kinder einst schauten und glaubten, da draußen käm das glück vorbei . . .

*

aber jetzt/heute – als ich hier mal

wieder so herumlaufe grad, da seh ich, stelle ich fest: hat sich doch schon wieder alles stark verändert irgendwie; also – ich überlege . . .

und da sehe ich nun zuerst/na, ist das nicht mein alter Berni? *Berni! AMIGO!* oder wie du heißt oder wer du bist: grad unter der mauer?! was stehst du da so – kopf abgewandt? nein, was steht er da – vielleicht und pißt? und träumt – der Hundesohn!

– rrissa———a du, wach auf!

. . . und 'n tritt dazu: wird er munter! da stratzt er ab nun, kiekt noch ganz beleidigt nach meinem fuß, tut so, schmeißt sein hinterteil ein bißchen als ob er lahmte . . .

BERNI – der hat ein braun's wämslein an und am arsch nen hellen fleck – damit ist er mal voraus, dann leuchtet das helle dreieck mir den weg . . . mal hinterher; jetzt wieder direkt unter der mauer entlang, die schnupperneese fast am boden – riskiert er ab und an noch einen scheelen blick herüber . . .

mein kackbrauner Freund ZOTENBERNI; der kennt hier nun jeden ritz und jeden winkel: *der soll mein Lotse sein hier in Kalun . . .*

und führte mich inzwischen hierher zum COMETEN – sitzt jetzt, kann ich sehn: gleich vorn an der bar . . . dreht und zwirnt herum an dem, was seine sache ist: an dem DING mit dem GUMMIDING . . . erzählt also von dem Mann, der kommt zum Arzt:

– hörn Sie mal, Herr Doktor

– ach hör doch auf! sagt Carla da, wendet sich ab/sauer?

und als Magda reinkommt wenig später und fragt nach Berni, da sagt Carla . . . und das sagt Lotti Noll ihr übrigens auch:

– dein alter Scheißberni: geh mir ab!

. . . kann er sich nun wirklich hochziehen an sowas (Gummischwanz)?! oder will er einen für blöd verkaufen? . . . soll er mal lieber gehen, die platte umdrehen

und geht, Berni also, und legt die platte da um, die du weißt ist seine lieblingsplatte damals und immer:

LADY BIRD

durch einen blick von dir
vergeht für mich die welt,
Lady Bird . . .

wenn rund die nebel
fallen/
steigen

die alten stars (darunter Holzauge und sein Freund, genannt *Knalltüte)* beim Stauffer ins bain ouvert und diskutieren die Neue Zeit . . . *die Neue Zeit*

und wie ich hörte von Fredi Föckler, der sei jetzt gerade in Hallstatt gewesen zur eröffnung des dortigen Lünette (Möndchen) und hat/soll haben: gehörig auf die pauke gehaun in seiner dortigen rede. ja.

DIE SPIELE DER
ALTEN WASSERMANNSCHAFT

ich besprach mich mit Prenzlaff in der wanne, wir fanden's grad mal lustig so, meinten wir. hatten jeder einen gummilöwen *in der wanne* untergeklemmt und ließen uns treiben ...

Prenzlaff gehört mit zur Gruppe und ist direkter Mitarbeiter von Föckler an der Akademie.

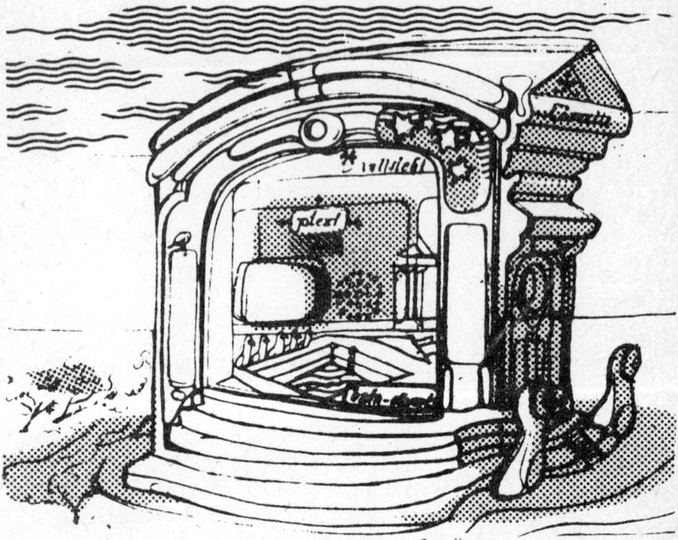

er hatte einen denkansatz:

– oder eine idee, wenn Sie wollen; ich denke wir sollten schreiben – eine liste herstellen vielleicht: einen plan entwickeln zu dem zweck ...

eine liste ist gut, ja; aber sagen Sie doch, was Sie davon denken. schaun Sie: probleme sind überall, wohin man schaut. überall probleme; da könnt ich mir gut vorstellen – eine liste mit vorschlägen ... mit einzelnen punkten vielleicht, als basis sozusagen.

ich hab da wie gesagt so eine idee ...

ja sogar schon fertig liegen – diese liste, von der ich meine ... und falls es Sie interessiert, da könnt ich sie Ihnen vorlegen bei gelegenheit – und Sie sagen dann was dazu, nicht wahr? wenn man die scheiße sieht überall, muß man ja was unternehmen . . .

gespräch i. d. wanne (forts.)

dann fuhr er fort, man höre ja heut schon überall von einer rascher und rascher werdenden bewegung; meinte er: bewegung sei möglicherweise überhaupt das element unserer zeit.

möglich daher, daß sich durch weiteres beschleunigen die phasen dieser bewegung substantiell – heißt: in dem, was zeit so alles nach sich zieht als mögliche zunahme, veränderung etc. von bewußtsein . . .

also: . . . daß sich die phasen überlappen schließlich und wir holten uns selbst ein – ja; und kommen also raus eines morgens und stehen

am ENDE der GESCHICHTE

in einer total abgeplatteten landschaft – über abraum und dem ganzen polizeischutt unserer tage . . .

und hätten uns also selbst überholt.

und zugleich den ersten schauplatz gefunden, den standort/-punkt ober-/außerhalb – um dort ein schauhaus zu bauen für die Kunst darin zu wohnen.

da wär sie frei. da seh ich, stehn die klos auch wie gewünscht wieder in einer langen reihe, das wär doch ideal . . .

und er schloß:

– aber Sie sollen selbst sagen. ich zeig Ihnen schon mal die liste jedenfalls, hier ist sie:

zu einem Universaltheater
(entwurf)

1/*Voraussetzungen*

aus der lösung aller probleme z. b.
– der müllabfuhr
– der versorgung allgemein

– der nahrungsmittelproduktion (& -verteilung)

– der energiegewinnung (& -versorgung) sowie deren überwachung und instandhaltung

erklärt sich

DAS ENDE DER GESCHICHTE

und gottseidank daß wir damit durch sind!

während nun aber nur noch jeweils ein zehntel aller 'tüchtigen männer' damit beschäftigt ist die versorgung aufrecht-, die …anlagen intaktzuhalten, zu prüfen, zu putzen – wenn nötig: zu regenerieren . . .

also: was (frag ich mich) macht da der große rest, die andern? was machen die? die wandern . . .

ja der große haufe zieht quer durch die lande und begeht das Große Freudenfest. und eben dieses ist ein riesen theater: das Neue Universaltheater.

2/*Architektur*

die mobilität der spielgerüste (architektur) wurde bislang in ähnlich gelagerten fällen als ratsam empfunden, wohl um einen raschen umbau zu gewährleisten/abwechslung . . .

die indes nunmehr zu erwartenden ausmaße des (zudem: permanenten) spiels ermöglichen die neue festangelegte, der jeweiligen landschaft (und deren geschichte) angeformte 'entsprechende' und also feständige bauweise.

da zieht also die meute durch die lande – mal in grüppchengruppen, bald in hellen haufen – manchmal ausgewachsen: ist das eine richtige völkerwanderung . . . und sucht sich ihre spielplätze.

. . . zieht die meute da also in breiten schneisen (straßen) – eigentlich sind es bloß richtungen – durch Europa: von ort zu ort, von zeit zu zeit; denn der Großen Nummer inhalt, ihr gegenstand ist selbstverständlich die

3/*Geschichte*

in ihrer gesamtheit.

indes nicht zu verstehen als deren spielerische neuauflage – vielmehr bloß in form von großgroßen LEBENDEN BILDERN, das sind querschnitte ...

also nicht die zeitgebundene lineare entwicklung wird nachgezeichnet, vielmehr wird der ganze batzen aufgeschnitten und in scheiben serviert ...

ja der Prenzlaff, der hat uns den *historischen laib* gebrochen: brot des trostes ...

und ständig unterwegs – macht einer glatt die 10tausend jahre zu fuß ...

DAS PARADIES

MODELL I:
Zentral Europa incl. die Brit. Inseln

DAS PARADIES

1. Akt: LANDS END

Stone Henge schaut herüber, grüßt . . . eine plastiknachbildung, versteht sich!

und ich wähle diesen ort also als Ersten Schauplatz wegen art und geschichte der landschaft: *abgeplattet* . . .

A & O/*Anfang und Ende,* hier haben wir uns eingeholt: *auf der schwelle!*

hier fallen zusammen:

Letzter Dämmer *(Learium)* und

Erster Schimmer *(Gumpy & Humpy)*/grundstufe. hier kreißte das silur und gebar sich D A S mit hilfe einfacher mechaniken

aus grundstoffen (stoffe aus den klaftertiefen hier am ort, meingott: was für brocken!)

dazu das geschrei der seevögel über LANDS END. die Weißen Menhire überall in dem brodem (schwalm) der zeit gesang *unter tage* (aus der *matrix*/ genau: aus dem innern eines toilettenhäuschens, genannt *Alter Mann*) die stimme klingt dadurch wie in einer schallröhre gedämpft; es singt da jemand zu einer art pulsschlag:

WOMPH_WOMPH_WOMPH_A'WOMPH_A

... all hope abandon ye who enter here ...

eine gruppe abenteuerlich aussehender figuren sitzt in einer mulden bei struppigem ginster und kraut und speist, man kann nicht recht sehen Was ... irgendwas gekochtes/irgendwas – kinderköpfiges, ja es sind kinderköpfe: Berni Zigulla nimmt grad den von Marion Föckler, zeigt ihn jetzt zum Prenzlaff hin, der wehrt ab. da nimmt Berni ihn selbst und ...

... und ei! was seh ich noch: da flitzt doch eben um die ecke/sag, wer?!
Eiweißlieschen: Charmy Marion
Vanilla/Papilla!
– o!
und hör:

– *pooooooooooooooooooooooof*
– *a·a·a·a·a·a·a·a·a·a·a·a·a·a·a·a·a*
– *pooooooooooooooooooooooof*

(enter Lear)/heißt: Lear erscheint jetzt grad vor, ein vogelnest auf dem kopf; er stammelt so vor sich hin, denn Ol William's *roten faden* hat er natürlich längst verloren, son oller Tadder . . . jetzt nimmt er das vogelnest ab, vom kopf – setzt es einem kleinen Menhir auf, der steht da grad so rum . . .

(a voice within)/stimme:

– King Dunstan von Kilderness und Monstern . . .

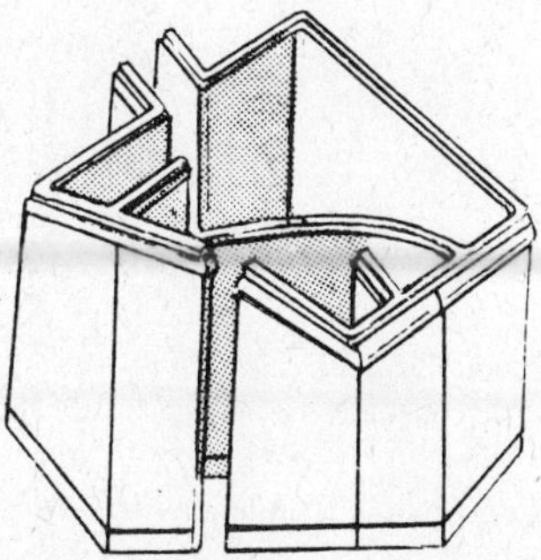

Haus der Alten Geschichte (sogen. *Alter Mann)* in Kalun/Hallstatt. Schauhaus am Warwicker Ring (vorm. Schlowiner):

bain ouvert (therme) für 30/50 personen, vollplexi-*screen-room* (jedermann frei!)

dunkelkammern, plaudernischen, onanierstübchen . . . kopulierkojen unterm dach und vor der türe: die zwo Schlawiner – die heißen *Dolmen* oder *Stumme Diener* . . .

. . . hübsche lage/verdient drei***

Rolf Roggenbuck

Der Nämlichkeitsnachweis

Marianne Kesting / Deutschlandfunk, Köln: „Arno Schmidt hat jüngst einen Nachfolger gefunden, und zwar nicht etwa einen Imitator, sondern einen Schüler, der ihn bei weitem übertrifft: Rolf Roggenbuck! Sein Buch gehört zu den bemerkenswerten Neuerscheinungen auf dem qualitativ nicht gerade trächtigen Gebiet der deutschen Gegenwartsliteratur."
Frankfurter Allgemeine Zeitung: „Roggenbuck versucht, Handschuhe im vierdimensionalen Raum auszuwechseln."
Heinrich Vormweg / Süddeutsche Zeitung, München: „Hier ist die Schreibweise zu erwähnen. Sie ist ebenso offen wie die Komposition. Roggenbuck nimmt Umgangssprache, Slang, Worterfindungen, stereotype Redeformen unbedenklich auf. Wie Arno Schmidt, an den auch die Kürze der ungebrochenen Textstücke, der häufige Wechsel des Ansatzes sowie die Konzentration auf den jeweiligen Ausschnitt von Wirklichem und Möglichem erinnern, schreibt Roggenbuck des öfteren phonetisch."

1934 wurde Rolf Roggenbuck geboren; machte seine ersten graphischen Experimente schon als Schuljunge; studierte zehn Semester lang auf verschiedenen Kunstakademien; spielte in Jazz-Kellern als Saxophonist; unternahm nach seinen Versuchen mit „geschriebener Musik" „Versuche mit geschriebener Sprache".

1967 publizierte er seinen ersten Roman „Der Nämlichkeitsnachweis". Dazu Jürgen Becker: „Roggenbuck ist nicht unbedingt das, was man ein vielseitiges Talent nennen könnte, ein Artist also, der zugleich malt, schreibt und Musik macht. Roggenbuck ist vielmehr ein Mann, der aus bestimmten künstlerischen Erfahrungen seine Konsequenzen gezogen hat: Er ließ seine Impulse, als ihm zu deren Verwirklichung die malerischen und musikalischen Ausdrucksmittel nicht mehr taugten, in die Sprache eingehen, auf eine Art, daß seine bislang unerlösten Intentionen erst im literarischen Bereich zu sich selbst kamen."

1970 geht Roggenbuck, der es von jeher konsequent abgelehnt hat, sich selbst zu imitieren, einen neuen Weg. Erfinderisch, einzelgängerisch, nur dem Ausdruck der eigenen spannungsgeladenen Kreativität verpflichtet.

Rowohlt

Rolf Roggenbuck

Der achtfache Weg

Rolf Roggenbuck, der mit seinem ersten Roman vehement debütierte, legt jetzt sein zweites Buch vor: eine Assoziationsakrobatik kryptotypischer Vorgänge, die sich in Szenen und Strichzeichnungen darstellen. Roggenbuck experimentiert mit der Erzählzeit, die er durch Spiegelungen und Brechungen aufzuheben, in eine Gleichzeitigkeit aufzulösen versucht.
Im Zentrum dieser Geschichten eine Gruppe heranwachsender Kinder, Nachkriegszeit, an einer Bucht, am Strand, die baufällige Munitionsfabrik „Der Alte Mann“, in der sie spielen, Baracken, Häuser, in die es hineinregnet. Unter ihnen: Marion und Michael, alias Baby Guggu, alias Michael Prenzlaff, alias Professor Knalltüte. Und weiter kommen dazu: der alte Paproth und sein Kloschrank, Opa Köllsch mit seiner Pfeife, die alte Wisch, die die Suppe aufsetzt. Eine kleinbürgerliche Idylle also, Nährboden sowohl hochfliegender Gedanken (Professor Knalltüte betrachtet das Hirn des Großkopten, Hinterhauptlappen) als auch wilder Aggressionen, die sich in dem Triumphgeheul des Guggu auf dem Topf, „ich scheiß euch noch alle unter einen großen haufen“, in der gewaltigen Pyramide des Imhotep oder auch in der Beschießung von Lüttich entladen. Was hingegen die Umsetzung der flüssigen Massen betrifft, so hat der Michael Prenzlaff da eine Theorie von den Brünnlein in meines Vaters Mühle entwickelt, dem Fallen und Steigen, dem Informationsregen, der Verflüssigung des Bewußtseins, den Klos in den Etagen. Archetypische Vorgänge des Produzierens. Aber auch eines hintersinnigen burlesken Spekulierens: Die erfinderische Phantasie des Erzählers entfacht sich an der mathematischen Größe der Zahl Pi: Kreis, Idee, Urbild, Paradies. Oder an dem Bild vom Berge Zeit, der Zeit, die in den Wetterschacht stürzt – dem mobilen Raum (Leitzmannstraße).
Die Sprache Roggenbucks – oftmals die reine Wiedergabe rhythmischer Sprecheinheiten – zielt nicht auf eine pointierte Aussage, sondern auf eine Mobilisierung ebenso fremd wie vertraut anmutender Bilder, wobei die Verschränkung von Mundart und Gedanke oftmals verblüfft, Vorstellungslust erzeugt. Die Strichzeichnungen indes zielen bei aller lexikalischen Präzision weniger auf eine Illustration der Texte als auf ein Anreißen von Gedanken. Eine Kosmographie menschlichen Erlebens, euphorischen Reflektierens.